中公文庫

おばあちゃんの台所修業

阿部なを

中央公論新社

目次

心をこめたおそうざい　157

季節ごとの台所 ―――― 187

ＤＴＰ　ハンズ・ミケ

おばあちゃんの台所修業

私のこと暮らしのこと

暮らしの「根」をつくる

暮らしの基本を忘れて久しいことです。

基本となるべきもの、すべてがすっかり変わってしまうのも時の流れで、自然のこと、それについて行けない私のほうが、むしろおかしいのかもしれません。「足りるを知る」なぞ死語となり、足りない、足りないと求め続けて、歯止めもない生活が、本当に人間生活を豊かにするのでしょうか……。不足のものを補おうとする心くばりのあるのが人間なのに、その心がなえてちぢこまって、物質に負けてしまいそう。

米と味噌、醬油、塩、酒、みりん、昆布、かつお節、煮干し、砂糖、蜂蜜、油、これだけでも多すぎるくらいに思われるのです。たぶん、現在はこの何倍かの調味料が出回って、自分の味をもてない人たちを迷わしているのでしょう。

コンピューターが味も考えてくれる時代に、まきで炊いたご飯をおいしいなぞと申しては、古代物語りになりそうです。食生活に頭や神経を使うことが、時間の浪費につながる錯覚をもつようになっては、大変なあやまちです。良い食生活は、人間の血となり肉となり、優しい社会人をつくり、みんなの望んでいる本当の平和への近道をつくるような気がするのも、年のせいでしょうか。

戦争中のあの飢えを体験した今の親たちは、わが子に二度とひもじい思いをさせまいとして、率先して自分たちも飽食におぼれていったのは、やむを得ない現実でした。その深情けが、今、大切な子供たちをむしばんでいることを反省せねばなりますまい。四、五十代の方は、まだ日本食の「足りるを知る」心をひっさげて、痛みとしてもっているはずです。今をおいては、私の申し上げることもわかってもらえなくなるのではと思われるのです。

私の子供時代は、朝、粒味噌《つぶみそ》をすり鉢でゴロゴロする音に目ざめ、寝床の中でぐずぐずしていると、プーンと味噌汁の香りがし、ついお腹がぐーっとすいてきて、飛び起きたものでした。大きなおかまで炊きあがったご飯のおいしさ……。味噌汁、納豆または煮豆、海苔、佃煮、おひたし、漬けものなど、好き嫌いは許されず、ご飯に汁をかけてかきこむと消化が悪いと叱られました。ご飯を食べずに学校へ行くなぞ考えられないことで、朝飯は一つの神聖なしつけの場でもありました。

ビニールやアルミホイルのない時だけに、弁当箱には汁の出るものは入れてもらえず、限られたもののくり返し。大きめの白いハンカチに包むのが一般の風習でした。冬場は祖母が綿入れの袋をつくってくれ、羨ましがられたものでした。学校からお腹ペコペコで帰ってきて、もらえるおやつも駄菓子のある時はよい方で、氷餅の焼いたもの、仏壇に朝供えた形のついた硬いご飯に醬油をつけて焼いたものなどを、おやつにもらって外へ飛び出し、夕方、豆腐屋のラッパの音が聞こえるまで遊びほうけたものでした。帰る頃には、夕飯が炊きあがり、おかまからおひつにご飯をうつしている時なぞ、おこげに味噌をつけ小さく握ってくれた、あのおにぎりの味は、どんなケーキにもまさるおいしさ。母への何ものにも代えがたい思い出になっています。

遊んでばかりいるような子供の生活の中に、しつけが組み込まれていて、庭を掃くとか廊下を拭くとか毎日させられました。私の場合、小学校五年生の頃から便所掃除をおだてながらさせられ、やれ「頭がよくなる」の、「神様がお見とおし」だのといわれ、いつか一日でも休むと自分でも落ちつかなくなるように仕向けられたものでした。

どこの家でも兄妹が多く、末っ子の私は新しいものを持たされることがありませんでした。新学期になれば、教科書のいたみを直して名前のところに紙を貼り、書きあらためて持たされるのも当然のことと思っていました。上の三人の持ち古しがあまりひどくて、新しく買って持たされたりすると、むしろ気恥ずかしくて、わざと汚して目立たないようにした記憶があります。物をねだることもなく、欲しいものはいただいたお金をためておき、どうしても不足の時は母に足してもらうくらいで、それもお盆かお正月だけのことだったのです。

飲食店や映画館は、もちろん一人で行くものではありませんでした。年に一、二度、何々軒といわれる、町でも数軒しかない洋食屋へ連れて行かれた記憶は、今もって新鮮です。そんな時の母のいそいそした姿を思いおこすと、それは、母が三十代の頃でした。ただの卵焼きでない、中が半熟でトマトケチャップのかけてある皿いっぱいの大きなオムレツ、白いソースのかかったえびフライ、目玉焼きがのっていたハンバーグ、コツコツと氷がかめるようなミルクセーキがすてきなコップに入っていました。

魚市場育ちの私は、魚ばかり食べていたので、何もかも目新しく、丸テーブルに籐の椅子、白いレースのついたエプロン姿のウエイトレス、蝶ネクタイのボーイがまぶしかったものでした。その数年前まで、夕方になると石油ランプのホヤを毎日みがかされていたのですから、シャンデリヤの下でナプキンをかけての食事は、子供心にどんなにたくさんの夢をあたえてくれましたことか。

明治に生まれて大正で育ち、昭和を生きてきて、その時代ではむしろ新しい育て方をされてきたと自負してまいりました。みんなと同じように一日も休まず時代の空気をすって生きておりましたのに、だんだんなじめない気配を感じてきたのは、年のせいなのでしょうか。生きていく上で大切な「根」となる時期は二十歳ぐらいまでで、その間につくられた人間性はなかなか頑固なもののような気がいたします。今の若い人が、人生の「根」を身につけてやがてやってくる世の中は、まるで変わってしまうことでしょう。

私が育った頃

自然のなかで季節があるように、人間生きているあいだにも知らずに通りすぎていった、いくつもの曲がり角があります。これが人生の節《ふし》だったのかと思いあたり、その節々の積み重ねが自分を育ててくれたのだと思います。

目に見えない自然の助けを受けて越えてきた幾年月を、ゆっくりふり返るいとまのない人生でございました。今、古希を過ぎ、おまけの人生に足をふみいれて、またこの文章を書きおこすにあたり、私という自分を情をこめてふり返っています。

姉二人、兄一人、四人兄弟の末っ子の私は、男が生まれるはずの期待の中で生まれた女の子だったせいか、幼い時から兄のお下がりの久留米がすりの着物ばかり着せられました。色も黒く、けっして女の子らしく甘えたりする子ではありませんでした。

私の父は、明治中期の気骨ある新しい考え方の人物だったらしく、若くして立った人間として青森県史に記されております。当時、父は樺太《からふと》に漁場をもっていました。父と母とのはじめての旅も樺太だったそうです。母は胴巻きにお札をぐるりと入れて持たされ、漁場に着くなり、父の話しあうロシア語にたまげたと、うれしさと不安の相まった旅のようすを話してくれました。

年に何度も遠い海路を行き来する父は、四人の子供らにいつもロシアのおみやげを持って帰り、それが家族への思いだったのでしょう。

その父も志半ばで、過労のため三十四歳で亡くなりました。私はもの心ついたころから、仏間で母と手を合わせていては、「父に生きうつしだ」といわれ、「お前が男なら」といわれ続けて育ったのです。商人なのにカイゼルひげをたて、着物に編み上げ靴を履いている仏壇の父の写真と自分とを見くらべていたものでした。

奥の部屋には紺色のじゅうたんの上にオルガンがあり、その上にロウ人形が飾ってありました。籐の椅子や手のついたスープ皿なぞ、珍しいものではありませんでした。日本髪のいちょう返しを結い、縞の着物に黒じゅすの襟をかけた袷《あわせ》を着た母が、オルガンに向かって片手で琴の曲なぞ、だれもいない時にひいていたそうです。父の志なのか、長姉には先生をつけ、オルガンを習わせていました。楽器の音は商人の家にはふつり合い、不謹慎に思われていたのか、他の家族への気がねなのか、姉だけのお稽古でした。

小学校へ入る頃、ロシアみやげの表がブルーで裏が赤いラシャのマントに、先の細い革の長靴をはいた私の姿がみんなの注目をあびて、大変恥ずかしい思いをしたことがありました。

父が使っていた旅行用のグラス、当時は革のサックに入れて持ち歩きました

魚市場の子供の遊びは、岸に着いた漁船や発動機船をわたり歩いたり、小さい伝馬船《てんません》をこぐことでした。小学校の四、五年生頃には、けっこう魚つりもしていて、私のはよくつれるので、餌はなんだろうと大人がのぞきに来たものでした。その頃は、みみずの餌が一般のものでしたのに、私の餌は新鮮な帆立貝に塩をしたごちそうなのでした。海岸というより海の上が遊び場だったのですが、不思議と海に落ちたとか、おぼれたとかの事故は一度もありませんでした。

ただ、年に一、二度大変な時化《しけ》が来て、男たちが黒いゴムカッパを着て、カンテラに灯をつけ、流される船や荷を心配して出てゆく姿は異様な怖さでした。

その頃、叔母に婿養子をむかえていて、家業は安泰のようにみえましたが、姑、小姑、四人の子をかかえて、母はその上に分家の孤児になった女の子を預かりました。その時、末っ子の私に妹ができるのだからと、暗に甘えを封じるようにいわれたのです。私なりに甘えることを断念し、誇りに似た気持ちで孤独な子になり、小さい妹をかばいました。その時から、忍ぶ喜びという性《さが》が私の根性になったような気がします。

未亡人の片意地のように、母は片親育ちといわれることを恐れ、嫁に出す娘へのしつけは厳しいものでした。しかしどこかおおらかで、習いごとはすぐあきてやめても文句をいわず、琴、三味線、踊り、お茶、お花とずいぶん勝手なことをさせてくれました。

外出する時の服装には、四季それぞれのしきたりをやかましくいわれたものです。

娘が三人おりますので、たえず嫁にやるための仕度をしていたようでした。呉服屋が大きなつづらを背負ってくると、常居《じょうい》といって台所でも客間でもない居間に通し、お茶菓子を用意して品定めをするのが楽しみであったようです。家の娘たちには一番いいものでないもの、二番目くらいがいいのですと申しておりました。夜汽車で上京する時なぞ、寝台車の中で着物を着るための練習をさせられたものです。その頃の汽車には列車ボーイがいて、いろいろ世話をやいてくれ、小さいのし袋にチップを入れて持たされもしました。

奉公人はお前たちのためにいるのではないと、自分のことは自分でするよういわれました。朝晩の手伝いは当然のことで、船が入ると十人二十人の酒盛り、食事の仕度で目がまわる忙しさも、女学校を出た頃にはこなしていました。

母が樺太の漁場で、ウオッカで煮た鍋を食べたと聞いたことがあるのを、何十年もたってふと思い出し、焼酎鍋をつくるきっかけになりました。

今は昔のお嫁さんの心得

大家族の商家の嫁であり主婦であった母に、厳しく女の道をしつけられていた時は、心の中ではいつも反発し、古い女の道は歩きたくないと思っていました。どういうわけか、その私が旧家の嫁になってしまったのです。嫁というものは、表面は末席におとなしくふるまってはいますものの、本当は目立たないながらその家の中心人物であることを、母のしつけのおかげでわかってはいましたが。

商家で手荒く明るく育った私は、婚家では、「足音が高い、笑いすぎる、気前がよすぎる（物を粗末にする）」とさとされました。生活の建前の違いにびっくりしながらも、そこは若さの柔軟さと好奇心の強い無邪気さで、婚家の徹底した合理性に（と申せば格好よく、大変評判のけちな暮らしぶりだったのですが）出会い、こんな暮らし方もあるのかと、新しい発見でした。それからは実家に行くとむだな電灯は消す、いろりの炭火が赤々と燃えているのが気になりそれに灰をかけるなどして、けちが身についたと、母は涙して見ていたそうです。

私にはそのどちらの生活も血となり肉となって、長い年月の浮沈の生活にも、へこたれずにこれたようです。ありあまる生活はしたことがないせいかもしれませんが、人間、多少不足がちの方が活力が出るように思えるのです。

母にしつけられたとは申せ、娘時代は親の目をぬすめることもあります。母もそこは寛大なもので、それが娘時代の醍醐味と申せましょうか。ところが嫁となると一つの人格を強いられ、完成された人間扱いを受けるのには閉口しました。いわれたわけではないのですが、家中のだれよりも一時間早く起き、その習慣を守ることから生活が始まりました。だれも起きていない静かな厨《くりや》で、顔を洗い服装をととのえながら、頭の中で朝飯のあれこれ一日のあらましが決まるのです。この一時間がどんなに自信につながり、三文の得になりましたことか。

掃除機のない頃でしたので、毎朝ハタキをかける時は元気よくといわれ、商家の広い家では働いている存在をあきらかにするためにも、バタバタとやったものでした。婚家でその通りしましたら、何年も貼り替えしない紙が弱っていてどんどんやぶけてしまいました。姑はたまげて、「ハタキはたたきつけるものではなく、障子の桟《さん》のごみをすくい取るものだ」といわれました。

しゅうとが政治家だったので、よく折り詰のお赤飯をいただきました。その折り詰から乾いたご飯粒を取り去って、また使えるように洗うのですが、私がしますとどうしても壊れてしまいます。壊れた箱のふちの細いところは焚きつけにし、広いところは小屋の屋根のふき柾《まさ》にと分けておきますが、焚きつけや屋根用ばかりこしらえて困ったものでした。もちろん、それを包んであったのし紙もひもも捨てることなく、利用するのが当然で、また不要になったどんな小さな布きれも細くさいておき、ハタキにもならないものは縄のように編みこみ、土用干しの着物が傷まないように干す綱にしました。

とにかく、その生活のむだのなさは書きつくせないものがあり、どんなにかその経験が私を育ててくれましたことか。私は、嫁という字が好きなのです。嫁なればこそ忍び耐えて強くなれたと思い、忍ぶ喜びという時代ばなれの言葉も嫁の心得と思われ、いとしき者たちへの忍ぶ喜びこそ女の生きがいと、今も思っています。

お嫁さんという名称は残っていても、一段へり下った嫁という呼び名はもはや通用しなくなりました。嫁という字は女一人他人の家に住みつくことで、今のような明るいマンション住まいになっても、深いところに根は残っていると思います。

その時代時代の一家の花形は、やはりお嫁さんだと思いますが、その出発の心構えとして忍ぶことを喜びと思える明るい心をもっていてほしいと思います。

女には女の、男にない大切な役割があります。その出発の心構えが、社会のしくみの母体をつくるように思えるからです。

母ゆずりの台所仕事

昔ながらの私の台所

台所、お勝手、キッチン、その他いろいろと名称も変わりました。幼い頃、台所と申すところは、いつも母の居場所でございました。母は、流しとよぶ水場で立ち働いているか、また一段高い板の間に古い畳表にへりをつけたうすべりを敷き、その上でうすい座布団に座って針仕事をしており、その風景が毎日の変わらない生活のあり方でした。

その頃の台所用品と申せば、大きなかまどに鉄のおかま、自在かぎにかける手のついた鉄鍋、それをみがくのに使う軽石やみがき砂などでした。アルミのお鍋やほうろう鍋を買い揃えたのはいつの頃でしたでしょうか。母が嬉しそうにして、ほうろう鍋で牛乳を沸かしてくれたことが思い出されます。

片手打ち出し鍋を三段階に揃えます

人には自分と性のあう道具があるものです。鍋ひとつでもゆがんでしまうまで使い続けるものもあり、手近にありながら知らないうちに遠のいているものもあります。あまり使わないものはじゃまにならないように整理すべきでしょう。

私の場合は、何にでも便利な片手打ち出し鍋を三段階に、四寸（十二センチ）、五寸、六寸と二つずつ重ねて、後は多少大きいものを二つばかり揃えています。フライパンも二通り、一人前オムレツ用と、後は焼きもの、煮もの、てんぷら鍋と併用するもの。煮豆やシチュー用のほうろう鍋大小を二個、スープ用の深い赤打ち出しの筒形鍋、赤打ち出しのおでんや煮もの用の中深鍋、親子丼、かつ丼用小鍋、鍋もの用の土鍋、一人用の小さい土鍋。ふたは木ぶたの大小を数個、よけいなものは持つまいと思っていても、仕事柄最少でこれくらいでしょう。

まな板一枚と杉板二枚を用意して

まな板も昔は足のついた重いものでしたが、今は掛けて乾かせるようなものから、水切りのよい合成樹脂のものまであります。私は杉板を二枚くらい用意しておき、ねぎを切ったりする時は、その杉板をまな板の上にのせて使い、果物やお菓子の時はまた別の薄板をというふうに、本物のまな板は一枚で、あとはそえものを二、三枚使っております。

包丁は危ないので、出刃やさしみ包丁は布に包んでしまっておき、普通の菜切りを二本、細手を一本、さらしを二枚に折ってその上に並べておきます。まめに研いでいますが、あまり上手とはいえません。うまくいきませんので、盆と正月には研ぎにだしています。

台所用ふきんはさらし木綿

ふきんに対する考え方も、昔とはずーっと変わってしまいました。さらし木綿がふきんとして通用しなくなり、水の吸い込みがよいので、むしろタオルの方が使われているようです。タオルもあまり品がいいものは洗いにくく、長もちしすぎるため、いつの間にか嫌われてきました。けれども、こちらが嫌う前に、使いよさ、便利さが工夫され、次々ふきんや雑きんのほどよいものが市販されます。それなのに旧態依然のものを使っている私なぞ、なぜそうしてきたのかとふと考えるのです。

台所用のふきんは、手ぬぐいの長さでは長すぎますが、普通のふきんでは短すぎます。三十センチぐらいのさらしは、端に糸をわたし、それを二枚に折って使います。古くなったものは、洗ってすすぎ、それを刺して雑きんにしますが、さらし木綿は水切りが悪く、古いタオルの方が雑きんには向くように思います。

タオルも長いまま使って悪いということはありませんが、二枚にして糸をかんたんにわたすだけでも使いやすくなります。

また、ふきんは数枚多めに用意して、さらした後の匂いなぞを日にあてて取り除く間の交替用にしたいものです。

できた料理にラップをかけるのは常識ですが、これでは呼吸ができません。乾くのを防ぎたい時は、固く絞ったぬれぶきんをかぶせておくと、味が落ちません。いざという時は、タオルのように毛ばだたない、さらしやガーゼの使いみちを大事にしたいですね。

食器は重ねて、しまえるものを

食器は実用品としてなら、わずかで足りるものです。しかし、もはや料理と器は密接になり、来客用など揃えたくなればこれはもうきりのないことで、一概には申せません。私も器が好きで、そのため多く持ちすぎて大変苦労しています。収納庫があったらすぐわかるよう箱に札をつけておきましょう。季節の料理とともに器をいかす、その喜びはまた格別なものです。春秋の移り変わりは日本ならではのこと。ガラスの涼しさ、漆器の落ち着き、木のくりものの暖かさ、陶磁器の手ざわりなぞ、若い方たちも和食器と日本料理にもっと目をむけていいはずです。

昔の食器は収納のためにすべてが重なるように工夫され、重ねて戸棚に入れておくと、その重なりから見える模様までよいものでした。この頃は、食器も独立してきて、変化した個性の強いものなぞ、どのようにしてしまうのかと年寄りは考えてしまいます。なんといっても毎日の生活は遊びの中にも節度と整頓が大切なので、きちんとしまえるものが長続きします。安易な色と形だけでは過ごしきれないのが生活の態度だと思います。

下洗いとすすぎを別にして

洗って重ねるときも、毎日の仕事なので、速度のつく洗い方、片づけ方が大切です。洗うのを見ていますと、水と湯を出しっぱなしにして洗剤の泡の中で洗っています。それはそれでよく落ちるし、よいのでしょうが、もう少しもののむだを省くことを考えたら、湯も水も洗剤も半分とはかかりますまい。

若い人たちのものは、食器や鍋も油でギトギトしていますので、洗剤を惜し気なく使うことになるのでしょう。私どもの若い頃とは、流し場の構造から違います。下洗いとすすぎ桶が別で、流し場はタライが二個並べられるように広かったのです。

また、漆《うるし》のいいものなぞは、傷をつけないように、たらいを大きなふきん（さらしを縫い合わせて大きくしたもの）で包むようにひたしたものに、ぬるま湯を入れて洗います。水気を十分ふきとってから、もみ（赤い絹の裏地）で息をふきかけつつ、つやだしをして、和紙に包んで箱へ入れてしまいました。人寄せの前後は、出して使ってまたしまう手間を楽しいと思ったものです。これは、食器に愛着を持たねばできないことかもしれません。

残りものの後始末

どんなにおいしい料理でも、残ったものの後始末が上手でないと死物になるものです。大皿に残った時は、それぞれ小さい器にとりわけて冷蔵庫へ入れましょう。残りものでも後の食べ方次第で、むしろうれしいこともあるのですが、なかなかそんなうれしい残り方は少ないものです。刺身などのように鮮度がものをいう場合は、すぐさーっと醤油をかけておくこと、醤油を切って、けしの実をふりかけたり、しょうが汁をかけたりすると、また別のおいしさになります。

焼き肉が残ったら、思いきって野菜と煮てみるのもよいでしょう。別なものになるくらいの分量の時は、ぜひ工夫を楽しみましょう。

お料理をつくる時、とにかくその辺いっぱいちらかしてしまう人がいますが、余分なものは仕事をしながら片づける方が仕事がはかどり、料理のできた時は、後片づけもできています。ものには速度とかはずみとかがあるものです。いそがしい時こそ、頭も手もよくまわるもので、鍋も熱い時の方が汚れも早く落ち、洗ったらすぐ次の料理にその鍋を使う順序もつきます。

冷蔵庫の扉の裏側にいつも乾いたふきんを一枚入れておくと、とっさの時に便利です。いつも使うものは手前に、保存用は後ろにと思っても、つい冷蔵庫への過信で見落としてしまい、むだになることをご用心。冷凍冷蔵は、かならず味が落ちると信じることです。冷やして食べるということは、冷えも味として加えることで、これは保存ではありません。

掃除機の後はなま乾きの雑きんで

掃除機のない家は珍しくなりました。去年の暮れハタキをつくり、ついでだから二、三本をと思い、さて誰にあげるつもりでしたか、貰いてのないことに気がつき、苦笑しました。そのハタキではたいたごみは、どこへいくのだといわれて合点し、この頃はやっと軽い便利な掃除機を使っています。まだというより、やっぱりほうきもハタキも大切です。朝はまず手早く身づくろいをし、顔を洗うのもそこそこにハタキを元気よくかけます。その音で起きたこと、働いていることを表現していたのは昔のこと、今は朝起きてもお掃除は後でという具合。もしかしたら三日に一度ぐらいという方も多いのではないでしょうか。

雑きんを刺すより他に仕事がなくなった年寄りは、洗いざらしの木綿を重ねて太い木綿糸で刺していました。雑きんにならないような端ぎれ、厚手のものなども洗ってしわをのばしておいて、機械の油ふきにと、船着き場だった私の里では買いもとめて用意していました。

掃除機を使った後は、ぬれた雑きんよりも前夜洗ってしぼっておいたなま乾きの雑きんでふく方が、ちりも取れつやもでます。掃除機の発達で、雑きんになる布や雑きんを刺すことなぞ無用になりました。汚れは紙でふき、それを捨てることが定着しているので、時の流れにあらがうようなことはむだと思いながらも、白い新しい紙でどんどんふいて捨てることに胸を痛めています。

新聞紙を捨てないで再々利用

新聞紙をまるで不潔なもののように活用しなくなり、ちり紙交換用のものとしているようですが、生活の中で新聞紙がどんなに役に立つ紙であることか。

野菜の水気をとるため、寒さから野菜を守るため、保温用にと、新聞紙を敷いたり巻いたり重ねたりして使います。油ものの始末には、丸めて吸い込ませて便利です。よい器をやわらかい紙に包んでも、それを動かさないようにするには、新聞紙のつっかえが役に立つのです。刃物を持ち運ぶ時、さらしに包んでから新聞紙を重ねて包みます。

昔は貧乏な人は、新聞紙を張り合わせてふとんの間に入れ、それが保温になったそうです。旅行中に雨にあい、ぬれた時や着替えのない時に新聞紙を服の間に入れると、ぬれた布の水分を吸い取ってくれます。靴のぬれた時なぞも、丸めて入れておきましょう。

生ごみは庭のすみに埋めたもの

今のように、便利にごみを集めにきてくれない土地柄では、ごみ対策が日常の大切な仕事であり習慣でした。石油缶に穴を無数にあけたものを用意しておき、焼けるものはそれで燃やしました。野菜くず、魚の骨なぞは、庭のすみに穴を掘って入れ、それが春秋の樹木の肥料になりました。油は古新聞に吸わせて埋めました。ビニールの袋のない時だけに自然に帰す、自然に消化させる、そんな気持ちでした。

心を盛る器

私はあまり甘えない子でしたが、それでもいつも母について歩いたようで、母の好みがいつか自分のものになっていました。何かことあるごとに、あのかびくさいひんやりした土蔵の中へ、器を取りに入る母の後からついて入っておりました。

母も、よく必要でないものまで箱のふたをあけて、錦手《にしきで》かなにかの深い小鉢を見せてくれ、お膳に皿だけ並べるよりも、こんな深い鉢や壺を中に混ぜて使うといいものと話してくれました。

津軽塗りの産地なので、それは揃っていましたが、「輪島塗りは品が良い」といって、毎年回ってくる輪島の商人と懇意になって会席膳を頼んでおりました。「翌年は二の膳を」と真新しい木箱に年月を書いて土蔵に入れていたのは、自分が嫁にきてから新しく道具を揃えたという自負もあったと思います。嫁に出す娘のためにも、津軽塗りと輪島塗りのものを揃えていたのは母の生きがいだったのでしょう。私が嫁いだ先も道具類のある家でしたが、姑があまり道具類に関心がない人だったため、嫁の私はもっぱら土蔵係で、それが大変楽しかったのです。

その後東京に住まいを移しましたが、また戦争で青森に疎開し、主人は応召しました。そんな折り旅館を始めたいという知人から、「膳、椀、皿、小鉢一式をゆずってくれないか」と声がかかりました。お金の価値のない時とて値をつけられず困っておりましたら、先方も船持ちの家でしたので、「ロシアから持ってきたピアノが倉庫にある」と聞き、それと取り替えたいと申し出ました。その頃は何をどれくらいというでもなく、トラック一杯分の膳、椀、皿、小鉢を積んで朝出発して、夕方ピアノを積んで帰って来たあの感激は忘れられません。物のないひもじい時だっただけに、ピアノ一台がどんなに心をうるおしてくれましたことか。

その後、料理の仕事をするようになりました時、今のように器は借りるものではなく、全部手持ちのもので撮影しましたので、器があるから料理の仕事ができたとさえ思えるくらい助かりました。

ただ料理の写真を撮るには、皿や中鉢までがよく写る限度で、筒ものや小鉢ものはとんと相手にされないこの頃です。時代が変わったとは申せ、忘れ去られている小鉢をいつもいとおしく思いつづけて、いつか小鉢を活かしたいと……。小鉢こそ日本独特のもののような気がして、しかも深い小鉢となればなおさらです。「のぞき」という縦長のものなぞも、料理をひそとかくし持つあの風情は、他の料理をじゃますることなく、いつもこんもり和えものを入れられます。お膳の片すみに、なんの主張もせずひかえめな小鉢は、母の姿とだぶって好きなのです。

小鉢に盛る和えものは、さーっと一箸で持ち上げる形できまるのです。器を替えてやり直しをする時、なんとも気が抜けた盛りつけになることはどなたも経験なさっていることで、一箸の勢いでしょうか。盛りつけ一つにしても、色彩だけにこだわったりすると食べてがっかりということもあり、本当に調和が大切なことと思います。

木の芽も柚子《ゆず》も年中出回っている今日、よく考えもせず知らず知らずのうちに自然を侵していはしないでしょうか。もちろん、色彩は栄養につながり、目からの感覚も大切なことです。私もこれまで料理を飾ることは心くばりだと思いこんでいましたが、この頃年のせいか不自然なものは避けたいと考えるようになり、自然の四季をもっと大切にしたいと思うのです。

一つの例ですが、私のなす料理をあげてみましょう。

なすの皮をむき、その皮の裏の白いところをそぎとり、黒い皮は細切りにして水にさらします。皮をむいたなすは油で揚げ、熱湯をかけて油抜きをして、よいだし汁でゆっくり煮あげ、しょうが汁を少々たらします。細切りにしたなすの皮はふきんにとり、水切りして、金網にのせて油で揚げます。海苔のように黒く揚がりましたものを、煮たなすの上にふんわりのせて供します。

料理の中には、捨てるべきものは捨ててこそ味のよいものもありますが、なすのような庶民のものは、活かせるものは活かして、ともに助け合う料理も大切かと思います。

春には春の芽出しをそえたお弁当

母ゆずりの器好きで、いろいろな器に凝りました。そば猪口、杯台、ご飯茶碗……。中でも弁当箱が好きで、一時期熱心に集めたこともあります。いつでも弁当の話になると、聞き耳をたて、どこかへ行くと申せば弁当を持って出かけて行きたくなります。どの弁当箱に何を入れようかと頭の中が回転するのです。若い頃の私は意欲的だったので

小さい錫のお銚子（手前）の入った塗りの弁当箱

しょうか、芝居はもとより、人を訪問する時にも、塗りの弁当に小さい錫《すず》のお銚子の入っているのを好んで持ち歩きました。人を喜ばせるように見えて、本人が一番楽しんでいたのかもしれません。

そして現代の恋人たちが、買った折り詰やファーストフードで満足している味気なさを嘆きたくなるのです。恋人になったら、まず食からその人間がしのばれ、持ちもの、ふるまいに、せめてひとときなりと自分を表現すべきではないかと思います。

弁当というものは、意外に手のかかるもので、明日は弁当づくりという時は、なかなか寝つけないくらいでした。だのに性こりもなく、弁当を持ち歩くのでした。魚、肉、煮もの、焼きもの、酢のもの、和えもの、辛いもの、甘いもの、漬けもの、全部揃えるわけにはいかないので、適当にあんばいします。数をそろえてごちゃごちゃすると、時には駅弁に似てくるので、むしろ二、三品主役を決めた方がいいのでは……。ただ季節を忘れずに入れたいものです。

ありきたりの弁当でも、弁当の中には一つの世界があるはずです。春には春の芽出しから、花の咲く華やぎと明るさを入れることを、めんどうだとかむずかしいと思わず、日常の生活の中に見つけましょう。山菜類を少々、そして花生麩《はななまぶ》の美しさ、桜の花の塩漬けを塩出ししてご飯の上にのせるのも良いものです。また塩漬けの桜の葉を塩出しして何かを包むとか、赤いいちごをそえるなぞ、いくらでもどこにでも春が遊んでいます。

季節のない弁当は味気ないものだと気がつくのも、自分でこころみてみるとよくわかります。

花の下でなければ花見弁当をひろげられないということではなく、いつの時でも花のある雰囲気で、それこそ一期一会《いちごいちえ》の春の集いを大切にしたいものです。

弁当箱が好きになったのも、私の育ち方に由来することが多かったようです。母が芝居好きで、それも娘義太夫を特に好んでおりました。今思えば小さな小屋だったようですが、義太夫のかかる間の十日くらいは、ます席をとって通いました。その間、弁当に入れるものをいつも心にかけていたらしく、私など義太夫そっちのけで、塗りの弁当を幕間に開いて食べることが楽しくていつもついて行ったものです。そんな時は、どんなに忙しくても、衣服と足袋はあらためて出かけました。舞台に対しての礼だと思っていたようです。

「世の中で美しいと思うものは」とだれかがいった時に、母は、「娘義太夫が首をふりふり語る時に落ちる花かんざしだ」と答えたことがあり、私はその言葉がいつまでも心にのこっています。

母は塗りもの、陶磁器類、そして衣服、履物などにも一方ならぬ好みをもっていたようです。私はその母に育てられ、成人してからは今は亡き堀柳女師に育てられたことで、世界が狭いながらも幸せだったと思っております。

ご飯をおいしくめしあがれ

お米のはなし

この頃はお米が見直されてきてお米の選び方、銘柄の良し悪し、米の種類なぞの質問をうけて、つくづく世の移り変わりを感じています。

私どもの育つ頃は、お米は万能な食料であり、銘柄なぞ考えたこともありません。お米の知識も、白米病といわれた脚気《かっけ》の予防に、はい芽米や麦をという程度しかなく、古米か新米かなぞお米への批判はらち外のものでした。

玄米は日もちするので、いざという時のために保存してはいても、毎日の食料にはしませんでした。むしろ最近の方が玄米食を見直して実行しているようです。玄米をほうじて番茶にまぜて飲むと体に良いとされ、玄米茶は子供心にも好きでした。

お米屋でさえ、袋詰の米は判断できないと申すとおり、はっきり銘柄をうたっている以外は、いろいろブレンドしていてわからないと思います。お米の良し悪しもさることながら、ご飯は炊き方によるのです。

ごしごしといでおいしく炊く

毎日毎日のご飯を炊くベテランになっても、おいしく炊くことに神経を使い、お米と水と火と炊き手の技術が、おいしくもまずくもします。昔は、ご飯炊きの名人といわれた下働きがいたもので、そんな人はかならず真正直ないい人だったような気がします。銘柄米でなきゃまずいと思うその思いあがりは、すべての生活の根本をゆるがせているのではないでしょうか。今のお米は昔にくらべ粒も揃っているし、くだけたものも少ないし、昔は木の米びつに入れておくので虫もついたものでした。その米を一粒も粗末にせず、どうしたらおいしく炊けるかと苦心したものです。

お米も一升ぐらいとぐのでないと、とぎ方にも力が入りません。白米はごしごしよくとぎ洗いしましたが、はい芽米は、はい芽をとってはいけないのでさらりさらりと軽く洗います。水かげんも白米より多めにし、かならず一晩水につけておきました。今はお米を一時間前に洗うというのが常識のようですが、私は昔からの習慣で長く水につけてから炊いています。

ご飯は多めに炊く方がおいしく、夏はふたつきの籠のおひつに入れ、寒い時はわらで編んだ保温器に入れました。いつなんどき人がみえても、またどこかへ出かける時でも、腹ごしらえができるということは、食堂に入るなぞ思い及ばない頃の自衛手段だったのです。

残りご飯も十分蒸せば炊きたてに

残飯も捨てることなく、おかまを洗った時のご飯粒なぞさらしの袋に貯えて水桶にいれておき、それを糊にして浴衣や敷布の糊づけに使いました。

残りご飯と申しましても、今のように人数の少ない家の残飯はほんの少しですので、梅干しを入れておにぎりにし焼いておくのも、その日に食べるのには良いと思います。また野菜類と一緒にミキサーにかけてスープにしたり、冷凍したものでも十分に蒸せば、炊きたてご飯のようになります。その時は冷凍ご飯に熱湯をかけて水切りするか、また、そのままでも他の時より長めに蒸します。

おかゆにしても量が足りないときは、小豆《あずき》を煮て小さいパックに冷凍しておいたものを加え、砂糖を少々入れると残りご飯の楽しみも変わります。小豆のない時はさつま芋、大根のあられ、じゃが芋などのご飯も、戦時中を知らない人たちは喜びます。

残りご飯に小麦粉を入れてこね、フライパンで焼いたりもいたします。この頃は冷やご飯の利用法がどんどん発展しているようで、熱いご飯よりもバターライスなぞには良いのです。また、少々日がたった時は、ご飯に塩をしておき、それできゅうりやなすを漬けると大変おいしいものです。

雪の降る土地では、たくあん、鰯《いわし》、鯖《さば》、その他のものは保存用としてぬかで漬けますが、年中かきまわすぬかみそ漬けを知ってはいても、いたしませんでした。北国の漬けものは、味噌や粕を入れたり、主婦の心ばえで工夫されていたようです。

私もこの仕事に入った二十数年前にはじめてぬか床をつくりました。ぬかについては、次の項でくわしくお話ししましょう。

いただきます、ごちそうさまのしつけ

この五十年、お米のあり方が変わってしまいました。

昔はお米のねだんがその時代の政治であり、相場が流通を支配し、お米さえついてまわれば生きていけると育てられました。おかまを洗って流れるご飯粒を捨てては目がつぶれると信じ、それが身についてか食料が豊かになった今でも自分をいましめるような気持ちで、ずーっと麦飯を食べてきました。

玄米を煎って小豆を入れたおかゆなぞ、私にはごちそうに思えます。粗末なものに心をつくし、手を加えることで、持っている味以上のものを生み出せるのが年とともに喜びになってきました。

米の復活と申しても、米への解釈がまったく異なる部分があり、電気がまというご飯炊きの天才が現われてもなお、お米はめんどうだと遠のいている人も多いご時世……。

また、ご飯はお皿によそい、電子レンジで温めてスプーンで食べても不思議のない現在です。

　ご飯の食べ方、箸の持ち方、お茶碗にご飯をつぶさないようによそい、お膳のごちそうの並べ方なぞ、作法以前のしつけです。それも言葉でいわれて箸の持ち方なぞしつけられたためしはなく、見よう見まねで体得したことが多かったのです。肝心なこと以外は兄姉が先輩となっておりました。

　炊きあがったおかまにしゃもじを立て、上下にかき分ける時の熱あつのあのいぶきに、今日の無事を感謝し、まず仏壇に供えるのも習慣でした。

「いただきます」、「ごちそうさま」と申すことは、別に格好をつけることではなしに、先祖への感謝の言葉が美しい形になったのだと思います。姿勢を正しくし、嫌いなおかずにも文句をいえず、そんな時には、一番先に漬けものに箸をつけては叱られて、味噌汁をかけてかっこみました。

　おかずの中で、決められた食べる順序なぞあるはずもないのに、やはり一番先に漬けものに手を出したり、落ち着かない箸づかいを叱られましたのも、他所へ行った時のいましめだったのでしょう。

お米のとぎ汁と米ぬかの利用法

木でつくった頑丈な米びつに五合升が入っていて、それで量ってご飯を炊いていた頃は、米のとぎ方も手のひらに力を入れてごしごし洗わされました。冷たい水がいやな人たちへ、米のとぎ機という、手を代用する文化器具が出回ったこともありました。まだその頃は手のひらの感覚に及ばぬものと思われてか、いつの間にかすたれてしまいました。そのうちにお米の食べる量が少なくなり、ごしごし洗って米のとぎ汁をバケツ一杯にとったことは現実のものでなくなってしまいました。

とぎ汁で洗濯の下洗い

お米は一つの信仰でございました。米ぬかはもちろん、お米のとぎ汁も一番先の濃いのを取り分けて白足袋をつけておき、下洗いをさせられたものでした。それから六十年余たって、先日テレビでお米のとぎ汁の漂白作用のお話をきき、納得いたしております。身欠き鰊《にしん》や干鱈《ひだら》なぞ戻すにも、山菜をゆでる時も、庭木の打ち水にはもちろん、すべて使い果たしていました。

ぬかみそで鰯を煮る屯倉煮

米ぬかも身近なものでした。ぬか袋をご存じですか、昔の美女はうぐいすのふんとぬかをまぜたもので肌をごしごし、ひと皮むいての努力が京美人を生み出しましたとか。たけのこをゆでる時、魚や肉の油を取る時、山菜、鰊、鰯、さんま、その他保存用はぬか漬けにするなど、まだまだたくさんあると思います。何よりも忘れてならないのが、毎日お世話になっているぬかみそ漬けです。これは不思議な生きもので、一口ではいいきれないものがあります。

ある時期、ぬかみそに熱中して、人の手を借りず一人で処理することにしました。入れるのも、出すのも、塩を入れるのも、ぬかを足すのも、たまには、たっぷり日光浴もさせてやるという可愛がり方をしました。ぬかみそは悪臭を放つものでなく、むしろ爽やかな香りをもち、手の肌がつるつるすることがわかりました。

実はその頃、北九州の小倉地方にぬかみそで煮る料理のあることを、なつかしがっておっしゃる方に刺激されていました。小倉地方では、床の間にぬかみそ漬けの桶を置くくらい、代々ぬかみそを大切にしているとのこと。それだからこそ、煮ものにできるのだと思いました。及ばぬながらぬかみそに粒山椒や唐辛子を入れて、鰯を煮て屯倉煮《みやけに》と名づけました。みやけとは穀倉の意味の由、万葉集からみつけて好評を得ましたが、やがて、人まかせになったぬかみそは、煮ものには使えなくなりました。

本当の「ぬかよろこび」

また、ぬかをよく煎って水飴にまぜ、ビスケットにしたこともあります。ぬかと知らない時は子供たちもおいしがりましたが、わかってからはあまり好まれないおやつでした。

最近は、ぬかの利用法が少なくなったそうです。先日、二百坪の畑を一人でこなしていらっしゃる太田愛人氏に、さだめし肥料でお困りだろうとお聞きいたしましたら、まことに爽やかなお顔をなされ、ぬかが安く手に入るので、堆肥とまぜて助かっていますとのこと。こんなお話を太田さんがおっしゃるのならまだしも、私が吹聴してじゃまにならないように念じつつ、つい嬉しくて書きました。「ぬかよろこび」という言葉がありますが、それは「がっかり」を意味するのでしょう……。本当にぬかよろこびをしているお人もおりますのに。

戦時中私も畑をたがやしていたので、ぬかがトマトをおいしくすると知りながら、当時はぬかの使いみちの多い時で、肥料にまでまわりません。手に入った時には、布袋に入れて床の間や廊下の艶だしに使ったあと、畑にまわしていたことを思いますと、隔世の感しきりです。

私の好きなご飯料理いろいろ

私はお米が好きで、それに付随する穀類もまたそれなりに見逃せないのです。良いお米を自由に食べられるようになっての安心感ゆえか、むしろそれをいましめたい気ものこってか、戦後はずーっと麦ご飯が基本になっています。私の昔ながらのブリキの米びつには、玄米、はい芽米、もち米、あわ、きび、ひえ、麦など少しずつですが、ハトロン紙の袋に入って並んでいます。悲壮感ではなく、むしろ生活をうるおしてくれるものとして、遊びに類する私の米びつです。

玄米ご飯

毎日いただきませんし、専門のおかまもないので、前夜洗ってざるにあげ、乾いた玄米を朝煎って炊きます。煎ってから少々長く水につけておき三分の一くらいのもち米を入れて普通に炊いたり、茶めし風に味をつけて、大根葉の塩ゆでや春の芽出しの香りをそえたりいたします。また、煎りたての玄米で炊く小豆がゆは格別で、少々甘味を加えて休日の朝の献立にしています。この頃はネオ玄米とか扱いやすいものが出ていますので、玄米を特別扱いせずにすみます。

もちあわご飯

もちあわというからには、ねばりがあると思いきや、少しもねばらずむしろさらりとしています。あわぜんざいのために求めたあわは、ご飯に炊きこむことにして、私の米びつの仲間になりました。ねばりをつけるために、もち米を多めに炊きこんで、大徳寺納豆を入れて小さくにぎり、バター焼きにしますと、乙な点心になりました。酒と昆布だしはどのご飯にも入れます。

ひえめし

たんぼの雑草のひえといえば、草取りをまめにしない百姓を指して、「あそこでは〝ひえ〟を植えてるんだ」と笑いものにし、また、「ひえめしで育ったから頭が悪いのだ」なぞ軽蔑の代名詞にしていました。

私は疎開中にひえを抜いては、かぼちゃの花と片口鉢に活けて親しみましたが、そのひえも今はなかなか手に入りません。私は盛岡のひえめし屋の友人から分けてもらって、

ご飯茶碗も一時期熱心に集めておりました

やっとひえめしにありついている有様です。これにも炊き方やおかまがあるようですが、趣味のような、いたずらのような、そして祈りのような私のひえめしは、相変わらずあてずっぽうの感覚派です。

ひえは洗ってそのまま炊いたり、玄米のように煎って香ばしく炊くこともありますが、ひえを主にせず、お米とひえを半々にして炊いてみましょう。カップ各一杯半の米とひえの時は、大さじ三杯のごまをよくすり、醬油大さじ三杯を入れてまっ黒なご飯に炊きあげ、松の実大さじ二杯をひとゆでして表面の油をぬいて、炊きあがったらまぜます。

平常ですと、雑穀はお米の一割ぐらいにしていますが、何かことある時には色ご飯を炊く習慣があり、それがごちそうでした。今はお菜もたくさんで、ご飯に汁と漬けものという時代は忘れられてしまいました。習慣も変わり、炊きこみご飯や色ご飯の炊き方を知らない人が、ピラフだパエリャだと上手につくっておられます。私もたまにはつくりますが、接点を持ちながらつくってみても、どこかしっくりいかないことが多く、これは若い世代にもあてはまるのではないでしょうか。

こうした流れはとめどないような気持ちがしています。復古調とは申せ、それは調なので本物ではないのですね。変わったつもりの私のご飯も、時代の流れには乗りきれないようです。

ワインご飯

私の育った時代は、赤玉ポートワインが唯一のぶどう酒でした。渋い本物のワインの味を知るようになり、赤玉の甘さが気になって、余ったものを使い、ご飯を炊いてみました。洗ったお米カップ一杯をワインカップ二分の一杯につけておき、炊きだす時に塩少々と水もりをして普通に炊きます。炊きあがったら色どりの良いえんどう豆か枝豆を入れましょう。

翌日になってもふっくらして、旅行の時なぞによいものです。改まったような改まらないような明るさのあるご飯で、お赤飯にない味わいと色が喜ばれます。

くちなしと黒豆ご飯

美しい色の出るくちなしの実が欲しくて、せまい庭に二本も植えたのですが、八重の花が咲いて馥郁《ふくいく》と香り、楽しみにしておりましたのに実がなりません、実は一重の花でないとだめな由、がっかりしました。

十一月に入ると、がっかりした私のことを知るあちらこちらから、くちなしの実が少しずつ届き、それに糸を通して干し、一年中使っています。

干したくちなしをきざんで、ぬるま湯につけて色出しします。少々くせがありますので、お酒と少しの砂糖を入れた汁にといだ米をつけて、一時間ぐらい色づけしてから蒸します。あまり長くつけ過ぎて、黄色でなく緑色になった年がありました。後で知ったのですが、くちなしは三時間以上はつけない方がいいそうです。ただ、色が変わってもなんの害もないと聞きました。蒸しあがりが固いようでしたら、米のつけ汁を打ち水にしてきれいに蒸しあげ、煮ておいた黒豆を散らし入れます。

　くちなしのうこん色は、魔よけ、厄よけといわれ、男の厄の日、誕生、出発、栄進などの節々に使われます。黒豆を光るように入れるのは、武張った勇ましさを感じさせます。

　最近は、もち米を蒸すのが一苦労なので、電気がまで普通に炊きあげるようになりました。ただ黒豆は皮がむけないように煮るために、たいへん神経をつかいます。黒豆を煮だして豆がまだ固いうちにその汁を取り分け、酢を入れると、とてもきれいな赤紫の汁になります。豆の分量にもよりますが、私は豆を煮るたびにカップ一杯ぐらいをびんに入れ、冷凍しています。その汁を大根おろしに入れると、赤紫の美しい膾《なます》になり、黒豆の食べあきた正月にそれで和えたりします。

黒豆煮汁のさつま芋ご飯

黒豆ご飯をつくる時の黒豆の煮汁は、あまり煮過ぎないうちにとっておき、びんに入れて冷凍しておきます。それを使って、ご飯を昆布だし、酒を入れて炊きこみます。分量などといわれれば困りますが、米の半量ぐらいの煮汁とでも申しましょうか。さつま芋はさいの目に小さく切り、くちなしで冴えた色をつけて、うす紫色のご飯にまぜます。

金時豆の甘煮ご飯

気軽にたびたび炊いて、みんなから喜ばれる豆ご飯です。金時豆は一晩水につけてから煮だし、半煮えの頃に一度水をかえてあくぬきします。砂糖、塩を入れ、少々固めに汁も残して煮ます。汁と豆は別々にして、といだお米は煮汁と水を足して普通に炊きます。おかまのスイッチが切れたら、菜ばしをご飯の真ん中にたてて穴をあけ、その上に豆をのせてもう一度スイッチを入れ、豆の水分を下へおとし、豆とご飯は十分むらします。だいたいお米カップ一杯に豆カップ三分の一杯の割合です。この甘い豆ご飯には、ぴたり合ったごま塩がおいしくいただけるように思います。

ハイビスカスご飯

ハイビスカス・ティーの色の美しさをいろいろ使っておりましたが、とうとうご飯にまで及びました。お子様方のために、玉ねぎのみじん切りと米をいため、ハイビスカスの煮汁に少々ワインかお酒を入れて炊きあげます。レーズンは熱湯をかけて洗ったものを入れ、パセリをきざんでふりかけましょう。

甘栗炊きこみご飯
甘栗は便利なもので、色が少々黒いけれど、生の栗のように手数がかかりません。はじめから炊きこんでも形がさほどくずれず、豆を煮ることを思えば楽でおいしいのです。ひじきは戻し、ご飯に茶めし程度の味つけをして、ひじきと栗を初めから入れて炊きます。

けやきのお重につめたお赤飯

お赤飯に尾頭《おかしら》つき、お煮しめと、そんなお祝いの気風も遠いものになりました。日常、お赤飯が街でも売られるようになり、喜んでいる間に、パック入り即席赤飯がふだんの食卓に不思議なく出てきて、お赤飯とはどんな時に食べるのかなぞ誰も問題にしなくなりました。
祝いごとには腹のやぶれていないささげ豆を煮て、その汁に一晩米をつけて色づけし、炊きだすと豆の香りが家中にたちこめます。そんな朝は、はずみがつくようなうれしい日で、何か改まった雰囲気が好きでした。めったにない日ゆえのおいしさも手伝い、少し多めに炊くので、神棚にはもちろん供え、残ったのは翌日にもとおむすびにして取っておきます。お赤飯にお湯をかけて食べると、お嫁にゆく時に雨が降るとのいい伝えがありました。私はごま塩をつけて小さくにぎったお赤飯を焼いて、熱いお茶をジューとかけて食べるのが好きで、なんといわれてもこっそり食べたものです。

何事にも子供を育てていた頃が、人生の花と申せましょう。早く育て上げて楽をしたいと思うほど、いつも追われっぱなしで時間が足りず、なぜ一日が二十四時間しかないのか、もっともっと欲しいと思っていたものです。そんな忙しい時なのに、手のかかるお赤飯をことあるごとにつくりました。

子供の入学、進学に、親類知人からお祝いが届きますと、その返礼に、お赤飯を炊きます。近所もさることながら疎遠になっている親類にも、こんな時がつきあいなのです。今のように遠くなく、歩いて行けるところなので、お祝いをもらった子に持たせました。そんな時のお重は、けやきの堅木のもので、少しぐらい乱暴に扱ってもよいものにし、ふくさも羽二重の残りぎれに赤いもみの裏のついたものをかけて、しっかり風呂敷に包んで持たせました。おじぎの仕方、あいさつなぞ私がいい聞かせても、わかっているのかいないのか、出かけて行って、子供はまたお駄賃をもらってニコニコ顔で帰ってくるのでした。

また、仏事の時は、昆布と酒と水につけたお米の白蒸しに煎り大豆のご飯も、なかなか静かな雰囲気があり、おいしいものです。大豆は十時間ぐらい水にひたしたものを十分水切りして厚手の鉄鍋で煎り、煎りあがったらしゃもじの裏側でごろごろやって皮をむきます。その皮をふーふーと吹きとばして、蒸しあがったご飯にまぜて白ごま塩をふり入れます。

おにぎりは熱あつのご飯で

おにぎりは、熱あつをにぎらねば……。

近頃は、おにぎりをつくる器具も珍しくなくなりました。マーケットで売られている、海苔と別に包まれたおにぎりを見るのは、心重いものです。手のぬくもりがこもったおにぎりは、ご飯に、おやつに、お弁当に、活躍したものでございます。おにぎりにも気合いともいうべきこつがあるのです。

何をする時でも大げさにいえば、心構えが必要です。ご飯が炊きあがって、下からしゃもじでかきあげたあのご飯の熱いいぶきを、おにぎりに入れこむようなつもりで……。

手を水につけて冷やし、塩をまんべんなくこすりつけ、熱あつのご飯を手にのせると、熱くてじっとしていられない、そのいきおいでふわふわにぎると、ご飯が固くならずに、それでいてしっかりくっついてにぎれます。冷めたのは力でにぎるので、食べた時おいしくありません。にぎり手によって味もちがい、慣れない人のおにぎりは力みすぎておいしくないのをご存じかな。

梅干しでも鮭でも、入れる前に一つずついつでも入れられるように分けておくこと。おにぎりの真ん中にみんな同じ分量でちゃんと入るよう、前もって心づもりをしておくことです。焼きおにぎりは、少々さまして金網を十分焼いたところにのせること。

海苔は、おにぎりが乾きすぎないところを包みます。かつお節を入れる時は、かつお節に少々の醬油を入れてしめらせたものを熱いご飯にまぜ、手に醬油をつけて熱あつをにぎると、大変おいしい。味噌の場合も、醬油で味噌をやわらげてつけるとまんべんなくつきます。

この年になりますと、おにぎりへの思いは数々ございます。

食堂も駅弁も普及して、どこへまいっても食事時には不自由しない時代になりました。また旅に出る時は一つでも荷を少なくしたいので、たとえ小さいおにぎりでもじゃまに思えるものです。

それでも私は、何を食べようかと気持ちのゆれ動くのもわずらわしい時があります。半分は食べ残す駅弁の残がいも心にそわず、自分のおにぎりなら残っても持ち歩けるし、安心なのです。

小さい三個のおにぎりの中身は、鮭、梅干し、牛肉の佃煮くらいにします。きゅうりを一本まな板ずりにして、蛇腹《じゃばら》切りにしたものを添えます（写真183頁参照）。庭の竹が脱皮する時に落とした細長い竹の皮を、二枚合わせて包む細い弁当は、荷の中にすーっと入ります。

いつかそのおにぎりを飛行機の中で開いた時、隣に座っていた青年がサンドイッチを食べていたのですが、食べるのを止めて私の動作を見ているのに気がつきました。ふと、「一つあげましょうか」と申しましたら、「食べるのが惜しい、そのままみんな欲しいなー」と申され吹き出したことがございます。

サンドイッチを二人で食べて、私は包みのままのおにぎりを喜んで差し上げました。あの青年はあれをどこでだれと開いて食べたのでしょう。一本の蛇腹きゅうりがにょろにょろと出てきて、きっと話がはずんだことでしょう。

炭を入れたやかんの水

ご飯に味噌汁そしてお茶、これは水のおいしい国ゆえの粗食かと思います。夏場の洗いめしがおいしくないのは、ぜいたくになったというだけでなく、まずくなった水のせいもおおありでしょう。都会暮らしをしていては水の味など忘れて久しく、時には本物の水の味を心底から恋うる気持ちがいたします。

びん詰のミネラルウォーターは無難とは申せ、生きていない水の味気なさ。こんなに食べものにうるさい今日、その根本となる水のことはあきらめているのか、言《こと》あげする人の少ないのはなぜでしょう。日本の水は豊かで美味なことに甘んじているうちに、そのおいしい水は、今、どこへ行ったら飲めるのでしょう。探し出さねばならないほど、範囲がせばめられてしまいました。

のどが渇けばジュースという習慣が定着し、子供たちも学校から帰ってすぐ冷蔵庫をあけてジュースを飲むと聞きます。水の良し悪しからも遠ざかってしまい、そのための虚弱体質も増えているとか。山野のいたるところに空き缶が散らんし、問題になるまでジュースに代わる水の大切さおいしさが忘れられて……。私がここで申してもせんないことかもしれませんが、せめて山野にはその山から流れ出た水の飲み場をと思うのです。この観光開発の時代に、道には水がついてまわっているはず、水質を調べ、旅の人たちにその山の水を飲ませてあげたいと思ってほしいものです。

車とジュースのない時代に、その通る道筋の水は旅人の渇きをいやし、どんな食料よりも命の綱であったはずです。今でも水の名所は随処にありながら、知らしめないため、見過ごされているのです。箱根の三国峠近くに、命の泉というわき水があり、箱根へ行くと寄り道をしてきます。何がなくともうまい水があれば……。自然の生物の中を流れ、浄化された神水のような水を、命の水と本当に思います。全国の地図に、おいしい水のある場所を神社仏閣のように書きこんでほしいのです。よい水は、どんな食べものより人間を育ててくれることと知ってもらいたいのです。

私は、化学にはまったく自信のないまま、水が気になって酒屋の井戸に炭を埋める話を聞きかじり、三十年前から毎晩寝しなに、やかんの水に炭を入れておりますす。この頃はおっかなくもなくなり、気休めかと思っています。その水に昆布をつけておくだし汁で、毎朝のおひたしの醤油を割ります。また、その炭も何度も水をくぐらせただけに、冬の火鉢には火もちよく、むだのないものです。

炭がいつも手もとにあるのは、長い間人形制作をしていたため、一年中長火鉢で仕事をしていたなごりです。毎年秋に人形町の炭屋から取り寄せていたのですが、人形制作から遠ざかり、料理の仕事が忙しくなっても、冬になり客のある時は、火を入れたくなるのです。

炭がいつもあるので、水に入れて使っていますが、炭を炭屋から買うというのも大げさな方は、デパートで茶道用のナラ丸などをお求めになってもよいでしょう。

昔、火鉢の火を後始末する時、大きな火消しつぼに入れる炭は、必ず水をくぐらせて入れたものでした。火の用心もさることながら、水をくぐらせた炭は、もちがいいからだと聞かされていたからです。

水は三尺流れると汚れが消えるなぞ、信じがたい力があり、川の微生物と水が共存し、水が生物を育てつつ浄化されているとのこと。上の方では洗濯をし、下の方では米を洗う生活を、誰もが疑問に思わなかった時代は、過ぎ去りました。それでも日本の水は清らかで、うまみのある水が多い、この天恵に気づかない人がいるのでしょうか。

世界の名所とうたわれ、絶景が鏡のごとくうつる美しい水でもあっても、飲めない水が流れている悲しさを、他の国を旅して思い知らされることでした。

もてなしの心でお茶をいれる

以前はご飯の後、白湯《さゆ》をいただいたものでしたが、今は、香ばしい番茶なぞいれてあげる心の余裕をもちたいものです。日本人の生活と切っても切り離せない存在であったお茶も、畳に座るという習慣がうすれてからは、ずいぶん変わりました。

取材にみえる若いお嬢さん方に薄手の小ぶりな煎茶茶碗で、玉露をいれてあげますと、「おいしいわ、これは何ですか」とおどろく声を聞きます。

どこへ行ってもコーヒーや紅茶で、たまに気をつかって出してくださる煎茶も、色のついたお湯が多く、コーヒーや紅茶のいれ方には一言居士《いちげんこじ》がおりますのに、日本茶になるとまるでだめ。お砂糖を入れずに飲むこのごろのコーヒー類を思えば、煎茶も再認識されて、お抹茶なぞも広く生活に密着できないものでしょうか。

私の母は娘が三人おりましたので、お茶のお師匠さんに来ていただき、母も一緒にお稽古をしていました。文学少女の長姉と幼すぎた私はいつもなまけて、お菓子にひかれて座った日も多かったのです。次姉だけはおとなしく素直で、上達していきました。お稽古が終ってから、母はお師匠さんをねぎらうようにお煎茶をいれていました。忙しいのにお茶だけはゆっくりいれているのが、心に残りました。

私が人形制作に明け暮れしていたころ、毎朝長火鉢に火を入れ、鉄びんがちんちんと音を立てるところから仕事が始まるのです。主人は絵描きでしたが、アトリエとは廊下をへだてた私の仕事部屋で、毎朝抹茶をたてる習慣でした。主人は大ぶりの高麗茶碗で、私は唐津の小服、正座し、その日のお茶のたて方、味にひとつの緊張感をもち、仕事にとりかかる毎日でした。

主人は二等兵で出征する時、唐津の小服茶碗を野点《のだて》の籠に入れて腰に下げて行きました。お茶の一服が自分を助け、人との和をもたらしたと申しておりました。

毎度毎度、お茶をいれるのに緊張していたのではありません。お煎茶ひとついれるのにも、やすらかなもてなしの心があれば、それがおのずとお茶の味として出てきます。何もいわないながら、四季の茶碗にも心していた時が、私にとって平和な幸せな時だったようです。

よい水を沸かして湯ざましに注ぎ入れ、茶碗も温めておきます。茶さじで急須の大きさと人数によってお茶を加減して、ほどよくさめた湯を注ぎ入れます。すぐには茶碗に注がずに急須をかかえるよう掌にのせて、待つ間を客に気づかせない心づかいで、おいしさをはかってくみいれた日も遠くなりました。

おいしいお茶は二、三番出したあと、つまんで食べたり和えものにもしたのは、戦時中のことでした。お茶どころでは熱いご飯にふりかけてもいただくようです。また、客の多い日は、茶がらもたくさん出ますので、一度洗って金網に入れてなま乾きにしたものを、翌日の掃除の時にまいて使いました。茶がらの少ない時は新聞紙をぬらしてちぎり、まぜたりもしました。

お茶といえば、抹茶、玉露、煎茶、番茶ですが、番茶はその都度ほうじていました。いつの頃からかお茶屋の店先でほうじ茶が煎られ、角を曲がるといい香りがして、香りが宣伝の先がけをしていたようでしたが、この頃はそれもあまり見かけません。番茶といえばほうじ茶と決まっていますが、くき茶、葉茶とあって、石綿か土鍋、厚手の鉄鍋などでその都度ほうじます。焙烙《ほうろく》は手もとの方が丸くあいて、ほうじたお茶が持ち手の円筒を通して土びんに入っていく仕組みになっています。その持ち手も傷んできては、和紙をはって修理し、使っていました。ほうじ茶は熱いお湯でないとおいしくなく、魔法びんのお湯では今ひとつかんばしくないのです。それは出し時間、その他すべての調和があるようです。

抹茶も好きで、いつも手もとに置いてはいても、なかなか使い切ることがむずかしいものです。古くなると色も味も落ちるので、夏場はジュースや梅酒にまぜたり、ちょいとしゃれた料理の時は、白ワインにも入れて色と味を楽しみました。邪道ではございますが、これはワインの番組でも放映させていただきました。お菓子類、牛乳、甘酒、寒天なぞにも、色のほしい時はよく使います。お茶の渋さが油を消すように思われて、油っぽい食事のあとはよくいただきますし、また、二日酔いには蜂蜜を少々入れてジュースにしてみなさんにすすめております。

兄が日本橋のお茶問屋に下宿していたとかで、抹茶の缶にはおはじきを入れて遊んでいた幼い日を思い出し、今でも冷蔵庫に羊かんと隣あわせて入れています。久々の友ありし時の一服を、心待ちにしているのかもしれません。

ほうじ茶は加賀の煎り茶と、友だちから送られて以来十数年それに決めております。缶も包装も素朴で見事です。旅をしますと自分が好きで手ごろなものですから、おみやげに茶さじを買います。いつか若夫婦に差し上げましたら、変わった靴べらだと間違えられて、世の移り変わりに驚きました。

孫娘が、お茶のいれ方がうまいと、どなたかに誉められたと申しておりましたが、大人も若者もそんなゆとりを大切にしたいものと思います。

手づくりの味つけ

だしを引く

旧態依然のだし汁がないと、その日のおかずができないなぞ、わかってもらえないほど遠い話になりました。それが私の生活の柱であり支えとでも申しましょうか、だしを引くことが一番先の仕事だと思ってまいりました。だしは主張することなく、そのものの味を助け加えるもの、だしの味が出張っては、おいしくあっても気になることがままあります。しかし、そんなことは自分の一人ごとにして、だしをとっておられる方には敬意を表するこの頃の心境です。

かつお節一本の使いみち

便利なパックが出回り、だしの苦労も他人ごとになりましたが、ごく最近まで結婚式の引き出ものはかつお節がつきもので、どっさりたまって苦労したものです。かつお節をけずるなぞ、話してもあいづちすら打つ方もないこの頃です。

年の暮れには、新しいかつお節を使いはじめ、外側の固いところは荒くけずり、人参、ごぼうを入れた土佐煮にします。それから吸いもの用にも。一番きれいな中の方はおひたしや和えものにかけて、一本のかつお節にもそれぞれ役目があったものです。

油と刺激性の調味料があればという時代になって、手早く仕上がる味に舌がなれてしまい、じっくり味つけした煮ものや良いだし割りのおひたしなぞ、なじみのないものになっていくようです。

平凡な昆布に助けられて

昆布も沃度《ヨード》分の多い点などで見直されてきましたが、日本独特のだしの素《もと》として、もっと深い理解がほしいと思います。

精進料理では昆布と椎茸と、ある時は干ぴょうのもどし汁で甘味を加えたとか。味噌汁には煮干し、かめ節、東北の焼干し、西の鯵《あじ》干し等々、地方色のあるなつかしい味がよくあるようです。

野菜のゆで汁をまぜるのも、朝の味噌汁にはよいものです。お吸いものには、かつお節に昆布ですが、上質のかつお節をいつも用意できないことも多いでしょう。そんな時はやたら迷わずに、煮干しのだしでも良い昆布を多く入れて補うようなだし汁にして、煮切り酒なぞ入れるとまあまあになりましょう。

良いだし汁や煮ものには、酒やみりんを入れてもっとおいしくと思うのですが、酒を入れたり、みりんが入ったために、何か酒くさかったり、みりんの味がじゃまになることもありますね。そのために酒もみりんも煮切りましょう。ちょっと酒気をぬく程度で小さいびんに入れておくと、安心して使えるし、まろやかになります。むずかしく考えないことです。

だしは好きだが、たびたびではめんどうという時は、多めのだしをたっぷりの水で、ごく弱火で二時間ぐらいかけて濃くとっておき、それを割りだしにするのも方法です。最高のだしとはいいがたいのですが、煮ものや味噌汁には間にあいます。そんな時も、必ず塩を少々入れて腐敗をふせぐつもりで。すぐ使うだし以外は、昆布もぬるぬるして変わりが早いので、うすめて使う時に味のかけ橋となるように昆布を新たに入れてください。

だしをとった昆布はビニール袋に入れて冷凍して貯えたり、洗濯ばさみで押さえて干したりいたします。干した昆布は焦がさないように焼いて手でちぎって煮ますと、とても早く煮えて、つやがないけど、やわらかです。冷凍した昆布は細切りにして、油揚と大豆を入れて煮たりしますが、細く切って煮ても固い時は、酢を入れてやわらかくすることがこつです。

昆布にもさまざまな素姓がありますので、同じ種類の取り合わせがいいようです。梅酒の梅と梅酒を入れて煮るのもおいしく、色を美しく煮るためには白醬油を使います。

また、椎茸の軸の余ったものなぞ入れた時は、黒砂糖とたまり醤油で黒く黒く煮ます。何も入れず、酢でやわらかくして、梅干しの種を入れて煮ておくのもいいかと思います。平凡な昆布はあまり気張らず、いつもどこかにひっそりいてくれるのがありがたいものです。132頁でもくわしくお話ししましょう。

煮干しは冷蔵庫で保存します

煮干しはつやのあるいい煮干しでないと、時にはなまぐさいこともあります。また、長く置いたものは色が悪くなり、まずくなりますので、缶かびんに入れて冷蔵庫に入れた方がよいようです。広島の知人からよい煮干しをたくさんいただきますので、十分使える幸せを感じているところです。

酒の肴に一品。ニンニクを一片、ねぎの青いところを二本分、しょうが半個をみじんに切って油でいためた上に煮干しを入れ、火を弱めてゆっくり煎り、ポキポキ折れるぐらいになったら白醤油をさらりとかけます。ニンニクもねぎもしょうがも黒く焦げていますので、煮干しだけを取り上げられます。味は十分ついていておいしくなっています。

また、煮干しは頭と腹を取り、だしをとった後日にあてて一日干します。からりと乾いたものを油で揚げ、生醤油《きじょうゆ》をかけるだけですが、おいしいもの。ただし冷蔵庫で干したものは、揚げてもからりと揚がらないのは不思議です。

だしは一度に濃くとっておくために、煮干しは頭を取ったのをまた開いて、たっぷりの水にたくさん入れて火にかけます。弱火で二、三時間トロトロ煮詰めて、だしは使う時うすめるようにするとよいのです。煮干しはくったりとやわらかくなっているので、ニンニク一片、ねぎの青いところ、しょうがのみじん切りなどとまぜ、いため煮をするとオヤというほどおいしい小づけになります。こんな時は酒を多めに使ってください。

煮干しは頭と腹をとり二つ割りにすると量が減りますので、私は紙袋に入れて冷蔵庫に入れ、使うだけ取り分けておきます。もぎ取った頭も目がキラキラして捨てがたいのですが、庭の陰に埋めて、庭木の肥料にしています。

手軽に使える鶏のスープ

鶏のスープは、今や若い方たちのだし汁となっておりますが、ガラはできるだけ新鮮なものを、骨をよく洗って熱湯をまんべんなくかけてから使うこと。たくさんとって何日も使うようになります時は、だし汁は変わりの早いものなので少々塩味をきかした方がよいようです。

大正のはじめ頃は、鶏のスープをソップといって、ひ弱な子供のいる家はよくつくっていました。玉ねぎ、じゃが芋、人参を大きいまま入れ、鶏ガラといっしょにコトコト煮て、うすい醬油味にしたものです。それを飲むと本当に元気がつくように思えたくらい、鶏のスープは貴重でした。

また鶏は首の皮がおいしいのだときいて、醬油をつけて焼き、細く切ったものなぞ、するめよりおいしいと思ったものです。

今は何より安く、手軽に使えるので、とりたてのスープでゆっくりおかゆを炊きます。米と相性がいいようで、本当においしいものです。

味噌から始まり味噌に終わる

数ある調味料の中で、暖かく優しいもの、おふくろ的なものを味噌に感じます。塩も醬油もまたとない大事なものではあるけれど、どれか一つにしぼるなら、そのままお菜にもなる味噌ではないでしょうか。

味噌から始まり味噌に終わるのが、日本料理の素朴なみちすじのように思われるのです。味噌汁もたまには食べるという生活習慣になっては、味噌の占める座は五百グラム入りのもので、赤味噌、中味噌、白味噌と揃えておられたら上々ではないでしょうか。どの味噌が良いかと聞かれても、買いに行くと私たちでさえ迷うほどたくさんの味噌が出揃っています。しかも、米味噌、麦味噌、豆味噌と、専門家でないとわからないもの、地方によっての違いなぞ複雑なものです。若い時は、親が食べさせてくれた味噌を無難としておりましたが、年をとって嗜好も変わりました。今まで気づかずにいた古い伝統をもつ旧家の味噌の数々にも、素直に立ち向かえることは年の功かと感謝しております。

味噌だんごでおいしい朝の味噌汁を

市販の味噌はビニール袋入りで、室内温度でも汗をかきますので、袋から出してよくかきまぜて、昆布を敷いたかめなぞに入れます。またほうろうびきの器に、昆布を仕切りにして二、三種類の味噌を入れておくと、ふくさ味噌（合わせ味噌）にしてみたり、毎日変わった味噌汁がむりなくできましょう。昆布も知らないうちにおいしくなります。

私どもの育った時代は、一年分ぐらい入る大きな木樽でした。かびるので物置の冷所におき、取り分けて使っていて、その大きな樽の下の方に、しその実、うり、なす、みょうがなぞの塩漬けを木綿の袋に入れて平らに敷き、上に味噌をいれました。味噌のなくなる頃においしくなっている味噌漬けは、冬のお湯づけや、しる粉の薬味に用意されました。きゅうりの芯を抜いて一本のまま、半日ぐらい大樽の味噌の中につっこんで食べるとおいしいのですが、それが見つかると、味噌がいたむと叱られたものです。

男は結婚すると本家がえりをするといわれます。朝はパンと牛乳ですませていた人が、女房をもらったとたん、おいしい味噌汁といい出し、当惑したお嫁さんからよく相談されます。そんな時私は、味噌にかつお節の粉末をまぜて梅干し大の味噌だんごをつくり、器にならべて冷蔵庫に入れておくことをすすめています。あわただしい朝食に、それを普通のだし汁にこし入れますと、手がかからずおいしい味噌汁になります。また、その味噌だんごは、時には焼き味噌にしてもよく、和えものの時にも重宝します。
新婚時代だけでも試してみたらいかがでしょう。

味噌でつくる常備菜

味噌料理というより、味噌を主にした常備菜は、一汁一菜の日常には欠くことのできないものでした。味噌の塩分が気になるこの頃ですが、味噌への賛歌のような、味噌珍味保存品を書いてみましょう。

ふきのとう味噌　ふきのとうは、花弁状のものは他に使い、中の芯のような丸いいつも捨てているところをみじんに切って水でさらします。二、三度水をかえて水を切り、油でよくいためたところに味噌、酒、砂糖を入れてねりあげます。長く保存できますし、納豆に入れたり、芋や大根をゆでたものにつけるとか、おかゆにもよいおかずとなります。

木の芽味噌　山椒の芽出しをつみ取ったものを、すり鉢でよくすっておき、味噌と酒を火にかけてよくねったものに、すった芽をまぜます。色が悪くなりますので煮ないこと。煮ものにする時少し入れるとか、魚をつける醬油や味噌にまぜたり、使いみちは工夫しだいで広がります。

南蛮麴味噌《なんばんこうじ》　味噌と麴は同量、味噌に麴をもみ入れて二、三日放置しておき、その四分の一の分量の青じその葉、青南蛮（九月はじめがよい）をきざみ、味噌にまぜこみます。サラダ油と酒を、麴にしめりをつける程度、やわらかにならないよう入れて、よくまぜ、冷蔵庫ではなく冷所に置きましょう。麴がとけたら食べられます。おいしくなるのには一年ほどかかります。納豆にまぜたり、豆腐にかけたり、夏野菜のいため用なぞに。しその葉でつつみ焼きにしてもよく、利用度の高いものです。

根野菜味噌　ごぼう、人参、蓮根《れんこん》をおろして、ごま油でいため、くるみはきざんでおき、味噌と一緒に酒少々を入れて全部まぜ、いためあげます。野菜いためや煮ものに入れたり、玄米がゆの時にも、本当に健康食だと思います。

ゆずの味噌詰め（ゆべし）　ゆずは黄色の皮の厚いものを横に二つ割りにし、中身を出し、八丁《はっちょう》味噌に上等のけずり節をまぜ、ゆずの皮に詰めます。また二つ合わせて元どおりのゆずの形にして軽くしぼり、蒸しあげて冷ましてから風通しのいいところに干しましょう。三か月以上干して、うす切りにしての珍味です（ゆずの汁を入れない方が長く保存でき、おいしい）。

ゆず味噌　ゆず皮を使うと、実の方が余ります。それをさらしの袋に入れて、汁をしぼり、さくら味噌と一緒に砂糖少々入れてねりあげ、ゆず味噌をつくっておきます。料理用のきめのこまかいさくら味噌は、甘酢っぱいゆず味噌に合います。風呂吹き大根、魚の煮つけ、和えものなぞに。また白味噌とねりあわせてもよいものですが、その時は砂糖を入れません。

焼き味噌は素朴な酒の肴

味噌のことをいろいろと申しましたが、実は味噌の種類をそれほど知らないのです。内輪の味噌ばかり食べていたので、意見をいえないというのが本当のところなのです。実家でも婚家でも「津軽三年味噌」を食べていました。その味噌屋さんとは、東京へ移り住むようになってからも、帰郷のたびにあいさつにまいりますような親しい間柄だったのです。そんなときに、「汽車の切符を貸して」といわれ、大きな樽の味噌をチッキにつけてもらい、おみやげにいただいたのが始まりで、それからずーといただきっぱなしで暮らしておりました。

たまたま食堂を始めることになって、これからはお金を払わせていただけると思ったのです。味噌もおいしいと評判もよく、気をよくして自慢して使っておりました。気がついたら、まったくお金の請求もなく、それまで通りいただいて商売を続けてしまっていたのには驚きました。

その暖かさに応えたくて、客を喜ばすような味噌料理を工夫したいと思いました。昔は樽で味噌を買うと、味噌焼き器がサービスに入っていたものでした。それは薄っぺらい杯のようなもので、内側に味噌を塗りつけてから、糸底の横にあいている二つの穴に金串を通して器ごと火にかざして味噌を焼くようになっています。それを思い出して、今もその習慣があると聞いた徳島へ早速注文して、味噌焼き器をつくってもらいました。

塩分過剰を切り抜けたく、味噌に大豆をゆでてすりまぜ、かつお節、椎茸、ねぎ、木の実、少々の油、唐辛子なぞをふり入れたりして味噌焼き器で焼きます。半月切りのレモンをのせて、とても喜ばれましたが、手のかかる割合に商売にならないのです。それに、お客さまの方は焼き味噌だけで結構お酒が飲めるので、板前からクレームがついたのと、いつの間にか味噌焼き器が持ち帰られて、日ごと数が足りなくなるのには閉口しました。味噌焼き器がかわいいのと珍しいためなのでしょう。

まだ味噌焼き器が手に入らない前、酒飲みの亭主が突如どさどさとお客を連れて来たときには、お客に負担をかけないということで、焼き味噌をつくりました。

大豆のない時は、ゆで玉子を味噌にまぜたり、焼き魚の身をほぐし入れたり、ねぎやしょうが、時にはごま油もまぜます。それをしゃもじに平らに塗り、火にかざして焦げる味噌のにおいの立つところを、そのまま皿にのせてぽんと出しますと、素朴なもてなしとして話題がはずみました。

味噌を焼くことは味を濃くすることのようです。高山のほうば味噌や寒い国の貝焼き味噌、山形の切りあい（春早く山菜の芽出しを集めてたたき、それに焼き味噌を入れてさらにたたいて、ご飯にのせていただくもの）など、どんな山菜の味つけよりも舌づつみを打ちました。

北海道の江別《えべつ》に「紅一点」というしゃれた名前の味噌があり、これがサッポロラーメンの味噌味の発祥だとか。そのご主人が大変な文化人で、三十年ぐらい前から小さな随筆集を出しておられます。原稿料にはおいしい味噌をどっさり下さるので、味噌がなくなると原稿を書かねばと笑い話にしているほどなのです。仲間には相当な文人の方がおられ、私も時折書かせていただいております。そんなふうに私は味噌に縁が深く、他の味噌をかえりみる暇がないものですから、まさに手前味噌に終わっております。

金串を通して器ごと火にかざして焼く味噌焼き器

黒い醤油、白い醤油

日本独特の醤油は、味をこまやかにやさしく包む、そんな調味料と思います。やはり原料と季節風土が合い、かもし出してくれた味なのだと思います。

姉が醤油屋へ嫁いでおりましたので、たまり醤油やもろみ醤油、それに漬けこんだ醤油昆布、なす、みょうが、うりなぞをよくもらいました。私は黒い味噌に黒い醤油だけの中で味を知り、育ったもので、理屈でなしに白味噌や薄口醤油を心理的に受けつけられませんでした。

知らないというのはこわいことです。二、三年前に広島の醤油屋さんから白醤油をいただきました。しばらくはなじめずに眺めているだけでしたが、ふと雪の白さが思いうかびました。蓮根のうす切りをするたびに「雪華」のイメージを持ちつづけていましたので、白醤油で蓮根を煮てみたのです（くわしいつくり方は140頁をご覧ください）。料理とはいえない私の遊びでしたが、やたらつくってみんなに食べてもらいました。白醤油の味の良さがあればこそ生きたのだと、それからは私の大切な調味料になりました。

持っている色を大事にしながら、味も増して仕上げられる喜びを感じております。醤油は塩分が塩の六分でおさえられ、殺菌力が抜群の由にて、塩を使わず醤油だけでものを漬けることを考えるようになりました。

何十年も前の話ですが、青森から母が上京してまいります時は、何より鮮度の良い魚を私に食べさせたい一心で、なにせ二十時間も汽車に乗らねば上野に着かない時代ですから、いろいろと苦労をしていました。鮮度を保つために、昔から山越えをする時は醤油で洗った魚を持っていく工夫があったとか。母はひらめやすずきなど刺身用の生魚は、醤油洗いをして昆布に包んで持ってきてくれたのです。そのおいしかったこと。また、いかは醤油樽に一杯ずつまるのまま入れて持ってきてくれ、はじめは焼いて食べもしましたが、そのうちにいかのうろもまぜて塩辛にするようになりました。漁場では昔からそうしていたそうですが、私は漬けた醤油はすっかり捨てます。いかは生きているのを醤油に入れると墨を吐くので、醤油がまっ黒になってしまうからです。

そんなこんなの積み重ねで醤油の塩辛をつくるようになり、みんなに伝授して喜ばれています。また、最近は味の良い白醤油が出回っておりますので、白醤油につけて、少々麹を入れて甘くしたものなぞも試みています。

いかは鮮度の良いものをもとめ、足とわたを抜き、胴は開いて洗い、乾いたタオルですみからすみまで水分をふきとります。全部醤油をくぐらせて器に入れ、醤油をひたひたに入れて、二日から四日ぐらい漬けておきます。漬けた醬油は捨てて、いかを取り出し、胴も足も細切りにしてわたをしごき出し、いかにまぜ、タカノツメの種を抜いて一本入れてよくかきまぜます。すぐにでもおいしく食べられますが、毎日かきまぜると、三日目頃からなれておいしくなります。かきまわして空気にふれさせることで変化を防ぎます。雑菌を入れないよう、新しい箸をいつも使うことが大切です。

手近な材料でつくる自然の調味料

自然の調味料に心ひかれるようになったのは、あまりに調味料が複雑で完ぺきに近い味になって市販されているせいでしょう。これでは、工夫の余地なく、うっかり流されることへの私なりの不安からです。毎日おいしくこと足りれば良いとは申せ、美味とはもっと素朴なものの味ではないかしらと思うのです。味を引きだすより殺しているものが多いようにも思われます。確信のあることは申せませんし、大変せまい私の世界が天下に通じるとは思いませんが、せめて自分の食卓だけでも、ものの声を聞きながら暮らしたいのです。

現在は、自然のものをもとめることは時間とお金のかかることが多く、ひま人のぜいたくと思われては残念です。自然の調味料なぞは、時間とお金はかからないまでも、これが本当のぜいたくかもしれません。私の手もとには、ごく普通のどこにでもある調味料しかないのです。塩も天塩の荒いものを煎ってすり、二種類に分けておきます。塩を煎るといっても水分をとばすだけでもよく、すり鉢でするとサラサラこまかくなります。煎っただけで塩が本当においしくなるのです。

味噌は赤味噌、粒白味噌、さくら味噌、大徳寺納豆味噌、八丁味噌ぐらいで、大徳寺納豆は酒でしめらせて味つけに使います。醬油はかけ醬油用と煮もの用の普通のもの、白醬油を用意しています。

酢は、魚をしめたり、発色用にするための合成酢、玄米酢等々ですが、かんきつ類のある時は、それで補います。

だし昆布は五センチに切っておき、煮干しは頭と腹を取り、だし用のかつお節はいつも少なめに保存しています。おひたし用のは時間のある限り、その場でけずります。

油はオリーブ油、サフラワー油、ごま油、サラダ油、天ぷら油、これは新鮮さが第一なので、缶をあけると同じ油を使いつづけて、むだをなくすための不便さも味わいます。

酒は一級酒をいつもびんで置きます。私はなんでも酒が頼りで、野菜いためには砂糖よりも酒で甘味をつけます。また、ワインはいつも小さいのを用意しています。

自然の調味料として、常備しているものをあげてみましょう。

香味野菜いため

ねぎ、しょうが、ニンニクなぞ普通の野菜とちがい、場所をとらず目立たぬため、つい古くなりがちなものを、時には集めてこまかくきざみ、いためておきます。ねぎは、まず先に青いところを小口切りにしてゆっくりいため、しんなりしたものを味つけにして、他の野菜と煮ますとほど良い調味料になります。

玉ねぎの黒いため

玉ねぎと人参をおろしていためておくのも便利ですが、玉ねぎを黒くねっとりといためておくととても重宝します。玉ねぎは薄切りにして少々の油とバターで焦がさぬようにしながら黒々とするまでいためるので、一時間ぐらいかかります。いためもの、煮ものに隠し味として使ったり、ほんの少し味噌汁に入れたりいたします。

干しあんずの蜂蜜漬け

塩分をさけたい方には、干しあんずの味でキャベツを漬けてあげたり、干しあんずを蜜に漬けてやわらかくしたものをソースに入れてもおいしいものです。また、蜂蜜に漬けてやわらかくなったものを裏ごししておくと、ジャムのように利用できます。

りんごの煮もの

りんごを煮ておいて、だしをとったあとの昆布など煮ると、あの甘味とすっぱさで砂糖いらずです。昆布は酢を入れてやわらかくしてから味つけのりんごと合わせるので、りんごは生のまま入れてもよいのです。

ゆずの甘煮

ゆずの出回る頃、皮だけをこそげとり水にさらして細切りにして甘く煮ておきます。また味噌のところにも書きましたが、絞り汁でさくら味噌か白味噌をねったゆず味噌も捨てがたいものです。

麴こそ大変な調味料

私の知らない数々の魔法をもっている麴を、知らない強さで、恐れながらも親しく思っております。酒、醬油、味噌、酢でも麴の助けがなければ、あのうまみがでなかったでしょう。私はむずかしい理屈はおぼえきれないので、私流に気楽に親しんでいます。戦争中疎開していたおかげで、ひそかにどぶろくをつくりました。その時、麴の微妙な活力を知ったのです。どぶろくをしぼったあとの荒い酒粕に、身欠き鰊やするめいかを漬けたり、味噌とまぜて汁ものにしました。少しすっぱくなったものを裏ごししてのばして、カルピスだと飲んでは、家族全員よっぱらって赤い顔して昼寝をしたこともありました。

その頃からずーっと麴はいつも手もとにあり、納豆に塩と麴をまぜていつも取ってあります。それが納豆だと思って久しいのです。

麴を知らない若い人たちがたくさんいらっしゃるでしょうが、麴はすばらしい調味料になります。麴にひたひたの湯を入れてゆっくりさましますと、大変甘い味になります。それを辛い漬けものに入れたり、塩辛い魚を漬けこんだりしますと、塩分を抜きうまみをつけてくれます。また、辛子や酢、塩を加えてよくすりつぶし、春の和え衣もおいしいものです。麴を生のまま使う時は、両手で持って手のあたたかさでもみほぐすようにして使うといいでしょう。

青南蛮（青唐辛子）の酒煮

青南蛮の出回る九月はじめ、あまり大きくない青南蛮は火にあぶって、味噌や醬油をつけて、肴にするのをよく見かけました。焼いてそのまま保存したこともありましたが、あまり大きくない青南蛮を種つきのまま小口切りにして酒と白醬油で煮ておき、魚や肉の煮ものの時、たまにはシチューやカレーにも入れます。

大納言あずき煮

大納言あずきは高価ですが本当によい味なので、ぐつぐつ煮てあんにするよりも、あずきの味を生かしたく思い、水煮しておいて小さいパックに分けて冷凍します。おかゆに入れたり、甘味のほしい時は砂糖を入れて白玉団子を入れたりして、好きな甘さでいただけて便利です。

とうもろこしいため

この頃、本当にまずいとうもろこしはなくなったようです。自然のあの甘さはよいものですね。夏場はいろいろに使いますが、一本で多い時なぞはゆでて包丁でしごいて玉ねぎといためて冷凍しておきます。牛乳を入れて即席スープにしたり、カリフラワーとホワイトソース煮など軽い朝食にします。

また、これは書いていいやらと迷うような他愛ないことなのです。畑をつくっていた時、畑から取りたてのとうもろこしのひげをすーっと抜きますと、キラキラした毛の根もとがとてもおいしそうで捨てられません。白い根もとを切ってさーっとゆでて、きゅうり膾に入れたり、とろろ昆布に入れたりして食べますとても甘い味でした。また、包んでいる皮は昔から干してぞうりをつくったりしたものですが、私はあの皮でいろいろなものを包みます。アルミホイルがどうもなじめないので、どうしてもアルミホイルで焼かなければならない時なぞ、とうもろこしの皮に包んでからホイルで包み焼きします。あのキンキラの中からとうもろこしに包まれた焼きものがでてくると、いい香りがしてホッとします。

ついでにもう一つ申し上げたくなりました。「竹の秋」といって夏ごろ竹が皮をぬぐのですが、竹の皮として使えるほど立派ではなく、細い短冊のようなかわいさで、それを利用する方法です。やはりアルミホイルで包んで焼く鰯なぞを、この小さい竹の皮で包んで焼きますと、出る油を竹がすってくれ、ほのかに竹の香りもしてとてもよいものです。他の魚にも利用できます。

また、前にも書きましたように、小さいおにぎりを入れてもう一枚をかぶせると、旅行の時かさばらずとても便利です。いつぞやは、お皿がわりに何枚か持参し、汽車の中でおすしをくばる前に竹の皮をまわしましたら、うしろにいた友だちがスルメと間違えて大笑いしたことがありました。その後、竹やぶのある堀柳女先生宅から、いろいろな形の竹の皮が届けられ、とても重宝しました。

山椒の醬油煮

山椒の芽出しの頃、私はいつもあせります。自分流の山椒を貯えたいからなのです。都会のまん中で山椒の木を持っている人に声をかけても、あちらも忙しい、こちらもだめの春を過ごすためのくやしさ。本当にお料理になるものなら苦労はないのですが、なくてもよいが欲しいものなので困ります。いつもそっと使ってどこに使ったかわからない、自分一人が喜ぶようなものにひねりだすのが好きなのです。

これは自信をもっていえることではなく、私の本当の創意なのです。上手にもできませんが、ただひたすら手に入ったものを、その場その場でもたせるように工夫しているだけなのです。

芽も花も一緒に酒煮にしたり、きざみこんで少々の味噌でねっておいたり、実になったものだけ集めて二、三度ゆでこぼしてから煮たりします。子どもたちが幼い時に食べさせましたら、クレオソートかといわれたりしました。また、その皮は干して粉にして和え衣に。山椒の花も実も終わったもの、枝も固くなったものと、たくさん届けていただいた時は、それを枝のままゆでこぼして、たまり醬油とみりんで二、三時間まっ黒になるまで煮ておきます。白いじゃが芋の砂糖煮や、黄色の玉子焼きの上にふんわりかけると、色も味もさえます。

パン粉いため

パン粉は食べ残しをそのつどおろし金でおろして、油のあまりひいていない乾いたフライパンでゆっくりいためます。香ばしいものを早く使いきるために、いろいろ利用しています。和えものにふりかけるのが一番多いでしょうか。

くるみ粉、アーモンド粉

くるみは皮つきのままおろし金でおろしておきます。砂糖と塩を入れて、焼き餅を熱湯に入れたあと、くるみ粉にころがしていただくとか、そのままおひたしにふりかけるとか、味噌汁に入れるなぞ利用します。
アーモンドの粉末も同様に使います。キャベツだけしかないという時は、まっ白なキャベツをゆでてせん切りにして、アーモンドで和え、紅しょうがをちょいとのせると、思わぬ良い味つけをしてくれます。

これは自然の調味料とはちがいますが、お日様のめぐみを身にしみて感じることが、ままございます。今は天然の乾物《かんぶつ》が少なくなって、味も甘味でごまかされています。たとえば身欠き鰊を酒で洗い（焼酎でもよい）、日光で干すと（保存用は火をあてない）、二時間ぐらいで甘味もでて味がすべて変わってくるのです。

また、煮干しのだしがらを日光で干していますと、ただ二時間干すとしても、今まで気づかなかった町内の猫が匂いをかぎつけて現われるのには驚きます。番をしているのも大変です。昔はどんなふうに干していたのかなーと思いますが、猫なぞに取られることも予想して、のんきに干していたのかもしれませんね。

なつかしいおやつ

子供の世界

朝飯もお腹いっぱいいただき、母の心づくしの粗末な弁当もおいしく食べて、学校から帰ってのおやつは、間食の中でも一番おいしいものではないでしょうか。菓子屋の番頭が、硝子のふたのついた浅い箱の駄菓子の見本を持ってきて、今度はこれにと決めると大きい缶で届けられました。ビスケットの片側に砂糖のついたもの、青、黄色の着色の味がかすかにしている粗末なものでも、熱いお茶でいただくあの安堵感はなんなのでしょう。

また、子供たちには子供たちの生きざまがあると申すのでしょうか。一銭のお金をもらい、町内に一軒はあった駄菓子屋へかけこむのです。そこにはいつも座っているおばあさんがいて、「どこそこの子はおたふく風邪だぞえ、気いつけてや」なぞ、子供の世界をあんばいしてくれていました。けっしてお腹の足しになるようなものではないのですが、あん玉の中に大豆の入っているのが当たるともう一つもらえるとか、小さなまな板の上に黒と赤の寒天がのっていて、唇の切れるようなブリキの包丁がついているのとか、そこには夢が果てしなくあったように思います。たまに、二銭銅貨をもらったりすると、銅貨が汗ばむほど握りしめていました。

母は割りに進歩的と申すのでしょうか、年に何度もない料理の講習会にも出ておりました。揚げ菓子なぞつくってくれたのですが、習ったとおりつくらないとみえ、重曹くさかったりしたものでした。比較するものがないので、結構おいしく食べました。その家の主婦の好みが、いろいろな味を形成するものだと思います。母は魚市場の主婦ではあっても、どうも毎日毎日のなまぐささには耐えられなかったのでしょう。口ではいえない好みを食べものの中に表わしていたようです。

母は白玉が好きで、小豆や黒ごま、だし汁などでいろいろにいただきました。酒の後に白玉団子の味噌汁なぞ、つるりと入るものです。小豆を煮るのは何かことある時で、その他の時はこしあんの袋詰が白玉と同様缶に入っていて、売っているこしあんはおいしくないと申しながら、米の粉とこしあんをいっしょにこねた小豆色の団子をいただきました。たまには、きびの粉もあったようですが、あまり気にも止めていなかったくらいそれは常備のものだったのでしょう。

白玉団子は、夏場は冷やして白砂糖をかけるだけでおいしいもの。あまり冷たくすると白玉が凍りついてまずくなるので、冷やし過ぎないようにいわれたものです。

寒い国では寒餅を一年分凍らせておき、それがおやつになることが多く、それも、ゆっくり火鉢で中まで火が通るように焼くのは祖母でないとしてくれないのです。焼き方の悪いのは子供心にもいやでした。

何かことあるとお餅をつく習わしでは、餅のくずがたまるので、水餅にしておいてはそれを蒸して、納豆やごまだれでいただきます。水餅にしないものは、油の冷たいうちから鍋に入れ、だんだん火を強めてゆっくり揚げ、中まで火が通りましたものに、ただ塩をふりかけてくれました。塩も粗塩《あらじお》でしたが、祖母は自分のおかゆ用に煎り塩をつくっていたのがなんとも羨ましく、それをせがんでかけてもらいました。それも私にだけしてくれるのでした。

大家族の中には、言葉で表わせない人間関係があるようで、孫の中でもごひいきがあったのです。祖母は、毎日針仕事、といっても洗いさらしの浴衣をといて一年分の雑きんを刺すのが仕事でした。学校から帰ると、まず母からおやつをもらい、しばらくして祖母の部屋をのぞくのが習慣でした。祖母は、日向のなかで背を丸めていねむりとも裁縫ともつかないことをしていても、いつかくるだろうと、孫たちのために飴を用意しているのです。姉や兄にも飴をやりますが、末孫の私には一つでも多くくれたいらしく、祖母の袖口から私の袖口へそっと余分なのを入れてくれました。うれしいというより、そのごひいきには子供心に当惑をした不公平ぶりでした。

夏場のおやつは、ところ天に甘い黄粉《きなこ》をつけたものや、黄粉と水飴をまぜた黄粉飴もよくつくりました。分量というより水飴の濃度により、飴が黄粉を吸い取る分だけをまぜてつくり、黄粉をまぶしておきます。ごませんべいに水飴をはさんでもいただきました。

新米の時に、秋餅といって赤ん坊の頭ぐらいの大きな丸餅が届けられます。焼くと、ふーっとふくらむ真っ白な餅の中に、黒砂糖のかたまりを包むようにして食べると、晩ご飯時に「どうしたの？　ああ、お餅のせいね」といわれるくらい満腹したものでした。また、どこの家にもカルメラ焼き用の小さい赤がねの鍋がありました。冬場の子供たちの楽しみで、赤ザラメと重曹をいつもセットで持っていたものでした。

おばあちゃんのおやつ

自分が子供の時のおやつは、分量などとんと無とん着でしたが、親になり子供らにつくってやったものだけでも、定かではありませんが、分量を書いてみましょう。ご参考になればと。

麦こがし（ハッタイ粉）餅

麦こがしは砂糖と塩を加えてよくまぜたものが、いつも缶に入れてあります。それを小鉢に入れてもらい、普段はおやつにし、スプーンですくって食べてはむせたもので、それを使ってお餅にもしてもらいました。

〈材料〉白玉粉七十グラム　片栗粉二十グラム　麦こがし五十グラム　砂糖百五十グラム　塩少々　手粉（小麦粉など）適宜

ボールに白玉粉を入れ、水少々加えてこね、片栗粉を加えてつぶつぶのないようにして、その中に麦こがしと砂糖を加え、塩少々加えます。よくこねたものを、蒸し器に固く絞ったふきんを広げて流しこみ、強火で蒸し、蒸しあがったら、すり鉢に移し、濡れたふきんを手に巻いて、熱いうちに力をいれてこねます。

手粉をしいたところにあけて、全体に麦こがしをまぶして棒状に伸ばし、包丁でころころ切ります。このままでも、串ざしにしても、また、あんをいれてもいいでしょう。麦こがしのかわりに、粉末の小豆粉を入れて同じようにつくったものもおいしかったです。

酒まんじゅう

戦時中、どぶろくをつくりました時に、酒粕が余りますのを利用しました。本当は大和芋なぞ入れるとよいのでしょうが、そんな手間も、余裕もないままの子供たちのおやつでした。分量もその時の酒粕にもよりましたが……。

〈材料〉酒粕八十グラム　酒カップ二分の一杯　砂糖百五十グラム　小麦粉二百グラム　重曹小さじ二分の一杯　小豆あん三百グラム　手粉（小麦粉）適宜

ボールに酒粕を入れ、固い時はちぎって酒でとろりとさせ、酒粕にふたをして暖かいところに五十分くらいおきます。鍋にお湯をはった中にボールを入れるか、こたつに入れるなぞしましょう。酒粕に砂糖を少しずつ入れてよくまぜ、小麦粉に重曹を入れてふるった粉を、少しずつ入れて手でもみこむようにし、耳たぶぐらいの固さのまんじゅう種をつくります。

戦時中は、この中に甘味噌を入れたりしたのですが、小豆あんがあったら、あんを入れて丸形につくりましょう。

蒸し器に濡れぶきんを敷きつめ、まんじゅうの間をあけて並べ、強火で十五〜二十分蒸し、蒸しあがったら、熱いうちにうちわであおいで取り出し、笹の葉なぞ切った上にのせます。冷めたら、蒸しなおして熱いところをいただくと香りがよいもの。

炭酸まんじゅう

利久まんじゅうとか、茶まんじゅうなど優雅な名のものとそっくりなまんじゅうを、子供の頃は馬ふんまんじゅうという名前をつけていました。毎日馬がそっくりのホヤホヤを落としてゆく、馬車の多い時代で、親しみをこめてそう名づけていたのでした。

〈材料〉黒砂糖七十グラム　醬油小さじ二分の一杯　重曹小さじ三分の二杯　小麦粉百グラム　小豆あん三百グラム　手粉（小麦粉）適宜

黒砂糖は包丁でよくきざみ、水大さじ三杯入れて煮とかし、醬油を入れてこします。冷ましたところへ重曹を少々の水でとかして入れます。小麦粉はふるいにかけて、黒砂糖にまぜこみます。砂糖の分量にもよりますが、少ないようなら水を足すようにして、耳たぶぐらいの固さによくもみまぜて、十二個に分けましょう。

小豆あんも十二個に分け、小麦粉の手粉を使いながら、皮を伸ばし、あんを指で押さえて包みます。蒸し器に固く絞ったふきんを敷き、腰高く丸形にしたまんじゅうを間をあけて並べ、強火で十二、三分蒸し、蒸しあがったら、うちわで手早く冷ましてつやを出します。

炭酸まんじゅうの皮を多めにつくり、あんを入れずに干しぶどうをまぜて、やはり団子風にまとめて蒸してもいいでしょう。小豆の世話がめんどうな時は干しあんずでも。

またきざんだパセリや、ごまを入れても、炭酸の皮さえあればありあわせの材料で楽しめます。水気のある缶詰類は皮がゆるんでだめのようですが、そんな時はフライパンで焼いてみたらどうでしょうか。

草餅

春早く何よりも先に小さく青い芽出しをするよもぎ。ほんの一つまみが春の香りを家中にただよわせてくれ、せめて一度はと思いながら、なかなかよもぎ餅をつくれない春を重ねてきました。

〈材料〉よもぎ少々　白玉粉二十グラム　砂糖四十グラム　上新粉百四十グラム　塩少々　小豆あん二百グラム

よもぎのやわらかい葉先をほんの一つまみですが、塩少々入れた熱湯でゆで、冷水にとってさらし、絞って包丁でたたき、すり鉢でよくすりつぶします。

ボールに白玉粉を入れ、白玉粉の三分の一ぐらいのぬるま湯でときのばし、砂糖、上新粉、塩、ぬるま湯の順に少しずつ入れてこねます。蒸し器を熱し、固く絞ったふきんを敷き、種を一にぎりずつ分けて並べ、二十分ぐらい強火で蒸します。蒸しあがったものをすり鉢にとり、濡れぶきんを手にかぶせて熱あつに力を入れて、よもぎをまぜながらこねあげましょう。全体によもぎがゆきわたるようにまぜあわせたら、あんを包みます。

よもぎは、ゆでてきざんだものを冷凍しておくと、ほんの少し味噌にまぜたり、焼き餅に入れたりと、春の香りを楽しめます。また、ついでに取ったものを干しておいてももちのよいもの。春のみどりは、どの季節のみどりより格別です。

また戦時中の話になりますが、白い洋服が爆撃の目標になるからと禁じられた時に、よもぎを煮出した汁で染めたことがありました。媒染《ばいせん》の薬もなく、灰汁《あく》よりないので灰媒染をしましたら、濃い茶みどり色になり、家中のものはおろか、近所の方のも染めてあげたのです。その発色する時のいい気分は、私の中にずしんと入ってか、今もってその色が私の色になっています。先日北を旅して、海の色があの時のよもぎ染めの色をしていて、持っていた私のハンドバッグの色なので、つい心がうるおった気持ちになりました。今年の流行色のようです。

芋は芋でも、さつま芋は暖かい土地の名物のせいか、戦時中に植えた時は、その成長が楽しみでした。その茎がぜんまいのような色と太さで見捨てられず、茎まで食べたものです。皮つきのまま食べると胸やけがしないとか申しました。スイートポテトは文化の味がして好ましいものでした。さつま芋はただレモンと煮ても、また多少の酸味を加えるようにりんごと煮て、正月のきんとんのかわりに出してもよい味です。芋のおやつはよくつくりました。

大学芋

〈材料〉さつま芋五百グラム　揚げ油適宜　水五十cc　砂糖百グラム　水飴十グラム　黒ごま少々

芋は厚く皮をむき、斜め乱切りにし、二、三時間水につけてあくを十分抜き、ふきんで水気をとります。揚げ油を百七十度ぐらいにして、芋を入れ、中まで火が通るように揚げます。一度取り出し、温度を上げて再び芋を入れ、二度揚げして揚げ色をつけます。

鍋に水、砂糖、水飴を入れて、中火でこまかい泡が出る程度で火を止め、黒ごまを芋にかけてから全体に蜜をからませます。

芋松葉揚げ

厚く皮をむいたさつま芋は、水にさらしておき、あくの抜けた頃に細切りにして、水気を十分切って百七十度ぐらいの油で揚げます。二度揚げせずに少々油の温度を上げるくらいで、その鍋で揚げてしまいます。粉砂糖をまぶすだけで、できあがり。

芋茶きん絞り

〈材料〉さつま芋三百グラム　玉子の黄身二個　砂糖百グラム　塩少々　抹茶少々　缶詰の栗五個

さつま芋は皮をむき、荒切りにして水にさらし、ゆでるか蒸すかしますと、二百グラムくらいになります。玉子もゆでて、黄身をとり出しておき、蒸しあがった芋は、熱いうちに砂糖と黄身と塩をまぜて裏ごしにかけます。その五分の一くらいを取り分け、抹茶少々に水を加えたものをまぜて色づけします。

栗は蜜からあげて、汁気を切っておき、芋は十二個に分け、抹茶色の方も十二個に分けましょう。ふきんに芋を一個のせ、その中に栗を入れて包み、その上に抹茶色の芋をのせ、絞るように包みこみます。茶きん絞りは簡単なので、芋の用意ができていると、芋に煮豆をまぜたり、木の葉にのせたり、春なら桜の花にのせたりと、楽しめます。

芋を小さくまるめてその上に甘く煮た、つや寒天をかけてみたり、芋に栗をまぜてもいいでしょう。芋羊かんの場合は玉子の黄身を入れず、砂糖を先に煮とかしたところに、芋の裏ごしを入れてねりあげ、流し缶に入れて十分ぐらい蒸しましょう。

じゃが芋団子

〈材料〉じゃが芋二個　ご飯カップ一杯　黒ごま大さじ一杯　塩少々

じゃが芋をゆでて皮をむき、熱いうちにすり鉢ですり、ご飯をまぜます。煎ったごまと塩少々をふり入れて団子にし、それをつぶして油で焼きます。

冷やご飯の残ったときなぞを利用したおやつで、昆布だしで煮た黒砂糖に醬油を少々入れた黒蜜をかけました。また、酒飲みの男性たちには、大根おろしや納豆をつけてもよいようです。

生のじゃが芋団子汁

〈材料〉じゃが芋四個　だし汁カップ二杯　ねぎ少々

昔は片栗を自分たちの手でじゃが芋から取りました。収穫の終わった時に小さい芋をおろしておき、澱粉を沈澱させて取ったものです。

生のじゃが芋のおろしたのを、汁ごとさらし木綿でしっかり絞ります。絞りかすはそのままにして、汁を三十分ぐらい静かにしておくと、固く固く片栗が沈澱します。上ずみは捨てて、その固い片栗を絞りかすの芋の方へまぜて、団子にまるめてゆでましょう。浮いてくるまで待たなければ、生のじゃが芋ですのでおいしくありませんが、歯ざわりのよいものです。それを味噌汁や吸いもの風のだし汁に、きざみねぎなぞ入れて、肌寒い日に大きいお椀でいただくおやつでした。また、ゆでたての熱いのには、大きなすり鉢にとろりとすりあがったごまだれがおいしく、それをたっぷりかけてもらいたくて、皿を何度も出して叱られました。

じゃが芋から取った澱粉は、お天気の日にはむしろの上で干されていました。干しあがって握ると片栗独特のキューキューという音がして、これが片栗かと、その実感を子供心に楽しんだものです。

片栗は料理用にはもちろんですが、お腹をこわして下痢の時、その粉末を飲めば下痢がとまるとか。下痢がとまってから、片栗に蜂蜜を入れたくず湯は、おもゆ同様重病人にも栄養になるといわれました。

また、風邪ぎみの時は片栗に蜂蜜、しょうがの絞り汁を入れ、うすくおいしくするので、誰が風邪ぎみでもみんな欲しがり、ポカポカ体が暖まって好きでした。

私は食べ歩きの旅から帰ってきて、なんとも胃のもたれる時は、いつもこの芋澱粉を牛乳で煮たり、玉子を入れたり、レモン汁をかけたりしていただきます。時にはりんごのおろしたのを入れて、一時の腹を休めます。私にはささやかな非常食になってもいます。

今は袋入りの片栗しかよくご存じない方も多いでしょう。芋澱粉は栄養も味もよく、今もって北海道の片栗を取り寄せております。

蒸しりんご

〈材料〉小ぶりの国紅りんご四個　砂糖大さじ八杯

芯抜きでりんごの底を抜かないように芯を取り出し、塩水でよく洗い、砂糖を中に詰めて蒸し器で蒸します。強火で二十分ぐらい蒸しますと、皮がふわっとぬげそうに蒸しあがっています。バターも香料も何も入れない方が、りんごの味がしてさっぱりといただけます。冷やしておくと、正月などのデザートに喜ばれます。

りんご包み焼き

〈材料〉大ぶりのりんご四個　砂糖百グラム　バター三十グラム　レモン二分の一個
玉子一個　砂糖五十グラム　重曹少々　小麦粉百グラム

りんごは皮をむき、四つ割りにしてから、うす切りにして、塩水で洗って水切りしておきます。ボールにりんご、砂糖、バター、皮をむいたレモンのうす切りを入れてまぜます。ボールの上にさらしをかけて蒸し器に入れて蒸しますと、三十分でりんごがすき通るようになります。蒸しあがったらレモンを取り出しておきましょう。

別のボールに玉子を割りほぐし、砂糖を入れて泡立てるようにし、耳かき一杯の重曹をふり入れて、ふるった小麦粉もまぜあわせます。ふきんをかけ二十分ぐらいやすませてから、水を少しずつ入れて天ぷらの衣くらいまでなめらかに伸ばします。鉄鍋を火にかけ十分油を吸わせ、油をふきとってから種をひろげるようにうすく焼きます。ブツブツと穴があくように焼けてきたところに、このりんごジャムをのせ、熱いうちにふきんに取り、二つ折りにするとよいでしょう。りんごと皮がなじみおいしくなるので、ふきんを必ず用意すること。

鶏卵団子

〈材料〉白玉粉百グラム　上新粉十グラム　小豆あん百グラム　だし汁適宜

白玉粉に上新粉をまぜてぬるま湯を少しずつ入れて、耳たぶぐらいの固さによくこねます。十二個に分け、あんも十二個にして、包んでゆきます。これをゆでて、ゆであがると浮いてくるのをすくい上げ、冷水に取っておきます。あんの入った団子を暖めただし汁に入れて、煮て食べます。あんはくるみを入れたあんにしたり、秋には栗の甘煮を白味噌でねったもの、干しあんずや羊かんを切ったのもよいでしょう。汁で食べる団子汁は固くなった団子利用にもなります。

豆しとぎ

もち米の粉をこねるとき、ささげ豆の煮汁でこねると日がたっても固くならないなんていわれています。

〈材料〉ささげ豆カップ二分の一杯　砂糖百グラム　もち米粉二百グラム　塩少々

ささげ豆は一晩水につけて固めにゆでて、砂糖も入れておきます。ボールにもち米粉と塩を入れ、煮汁を粉の固さをみながらまぜてゆきます。固めにゆでた豆をまぜ、大きい団子にして中をくぼませます。蒸し器にふきんを敷き、団子を並べ、二十分くらい蒸したら器に取ります。

手に冷たいふきんをかるくのせてよくこね、もう一度、かまぼこのような形にして二十分蒸し、蒸しあがったのをうちわであおいで冷やし、そのまま保存します。

数日はうすく切っておやつにいただきます。

笹餅

〈材料〉黒砂糖百グラム　もち米粉二百グラム

黒砂糖は包丁でよくそぎ切りし、カップ二分の一杯の水でゆっくり煮て、こしたものをもち米粉に少しずつまぜます。黒砂糖は塩分が入っているので塩は入れないこと。

笹の葉は防腐作用があるので、餅を包んで束ねて干し、長いことおやつにします

蒸し器にふきんを敷き、とろりとひろげるようにして入れ、二十分ぐらい蒸して熱いうちによくこねて、十個ほどに分けて笹の葉に包み、もう一度五分ぐらい蒸します。

笹の葉は防腐作用があるので、笹の葉に包んで束ねて干しておき、長いことおやつにしました。笹の葉のまま灰に入れて焼くとか、蒸しなおすとかして、葉をはがして食べると、笹の香りが餅に移ってそれが味わいになっていました。

むだなし料理

「素食」のすすめ

私が素食をと思い至りましたのは、ずーっと以前なのですが、それをいうと、なんとも教祖さま的になり、おしつけの形になるので、いつもひかえておりました。ただ、料理も足し算ばかりしてきたけれど、もうそろそろ引き算に切りかえる時ではないかしらとは、いいつづけておりましたが。

果てしない飽食に疑問をもちつづけておりましても、私自身おいしいものを供する店を開いているのでは、地味な素材にどんなに心をつかい手を加えても、所せん商売にならない、この戦後の状態なのです。

揚げものの後に大根おろしや野菜の酢のもの、海草なぞを加えることに心をつかっておりましても、板前料理が主であれば、限度のあることでした。

店を始めてすぐの、昭和三十五、六年頃に、栗山毅一郎先生の自然食の講習会にもよく出かけて、勉強させていただきました。それは店と直結するものではなく、ひたすら自分と家族の健康問題でした。

しかし、家族でもそれぞれの人格と生活をもち、若さあふれる食欲の真っただ中では、なかなか理解してくれません。ようやくこちらを向いて仲間意識をもつようになってくれたのも、ある年齢になり、納得してからで、ずーっと後のことでした。

そして、私も数年前から一人暮らしになってはじめて、だれにも気がねせずに、素食の毎日ですが、ややもすると粗食になってはといましめてもいます。白、青、赤、黄と色別の野菜を仕入れ、海草、昆布、小魚、とろろ芋なぞ何かが欠けても補えるように心がけますと、そんなにめんどうなことではありません。

お米もあまり上等なものをいただいておらず、むしろまずい方かもしれません。まずいものをおいしく食べるのが年寄りの知恵かとも。かびたものなぞ精出して再生させることも、自然に仕事となっています。

味噌汁は昔から鉄鍋でわかめという基本を守り、生豆腐があれば良い方で、残った豆腐は凍豆腐にして常備し、油揚げも一枚を四等分して、残りは冷凍します。その他季節の野菜を、葉の方はおひたしにし、茎は味噌汁とけっこうにぎやかなものです。

味噌は二種類ぐらい用意し、時にはまぜたりします。白味噌汁なぞは、その時のお菜によってつくります。酒粕やすりごま、納豆のすったものと、いろいろ変化をつけるのを楽しんでおります。

一日外へ出る私には、朝食だけが自分の食事と思い、大切に時間をかけてつくり、ぜいたくと思われるほどで、味噌汁以外にも三品ぐらいはつくります。常備用のものもあり、いつもお膳はいっぱいです。

ただ、一人住まいというものは何か欠けているのです。せっかくのおいしいお菜を、だれかに味わってもらいたいということもあります。隣に住んでいた孫も引越して以来、神仏に供えるようになり、なまぐさでもなんでも私の食べるおいしいものを供えて、世をへだてている親しい人たちにあいさつしています。

素食とは何かと聞かれましたら何と申しましょう。戦時中畑をたがやした時の、あの充実感のなごりがまだ私の中に残っていて、それが私をいつもそそのかしているようです。

また、魚市場で育った私の魚への思いもまた同じで、素朴に食べることにつきます。旬《しゅん》の味を調味料に惑わされることなく食べていたことが根にあるからでしょう。

しかし、それはぜいたくなことだといわれました。私の唯一のぜいたくは素食であり、今では素食とはそうしたものかもしれません。

旬を味わう私の献立

献立のたて方を、と改まって問われてみますと、形式的に決められたものの方が楽かと思います。苦労と申しましても、ものが揃えられればすみ、余分なものは排除できるからです。

しかし、毎日の生活の献立は形式ではすまされない、ものとものとの勝負があると申すべきか……。適当な言葉が見つからないのですが、その時の健康状態などを考えると、お菜を色よく並べるだけでは、すむとは思えません。

自分の献立を十日間書いてみて恥ずかしくなりました。書くための、つくるための献立でないもの、残りものをいかにするか、生活の中にはいつもそんなじゃまものが居すわっていて、すっきりとしません。それが生活ではないでしょうか。年齢によって、子供のあるなし、パン食と和食、和洋中がまざりあって、家庭の食事は多種多様で、すっきり良い献立なぞむずかしいことです。

市販されていない味、既製の味や形になっていないものを一つでも取り入れることが、家庭料理の醍醐味ではないでしょうか。小さい例をあげますと、一年中出回っていて何気なく食べている野菜が、「おやっ、今日はおいしい」と思う時、「ああ、旬なのだ」と気づくことがあります。

商売をしておりますと、一年中出回ってくれる方が都合がよいのです。そのために冷凍技術が発達して、なんの不思議ももたなくなり、食べさせる側も食べる側も形だけを優先させて久しくなります。

日本の四季はまことに優雅に移り変わり、ものを育ててくれます。その味をつぶしてしまうような食べ方をするのは、四季をないがしろにしていることではないでしょうか。どの野菜がいつうまいか、もちろん魚にも大ありですが、旬のおいしい魚は庶民のものでなくなりましたので省きます。せめて野菜が本当においしい時には、軽い味つけでそのものを味わいたいものです。

ほうれん草一つをとっても、やや寒い頃のあまり育ちすぎないものなら、醤油を昆布だしで割ってかけるだけでおいしいもの。他のものとまぜたり、かけたり、和えたりするのは育ち過ぎた時にいたしましょう。

また、育ち過ぎたほうれん草には花が咲きます。その花だけを取り分けておき、太いほうれん草は和えものにして、花だけさーっとゆでて上にのせたりいたします。花というやさしい姿に、固いほうれん草もなんとか見逃されるでしょう。

大根も、おいしい季節に、素姓の良いものでないと、どんなに力んでも風呂吹きのうまさは出ません。

白菜は、漬けものを漬け終わってしばらくした頃、葉の方は別に使って真ん中の白く甘いところだけ蒸していただきます。それがある間中、辛子醬油につけたり、かつお節をかけたり、ホワイトソースでとろりと煮たりとつづきます。一人暮らしはバラエティーのある献立にはなりかねることが多いのです。

菜類も一把買えば、ボヤボヤしてると一週間ももちますので、新聞紙をひろげて並べ、くるくる巻き、冷蔵庫で保存して傷みやすい葉を先に食べるようにします。また、ゆでたてはおいしいと思っていても鮮度が落ちますので、二回分ぐらいゆで、ゆでたてはそのままおひたしに、翌日は和えものとかいためものにしています。

大根も一本は多すぎ、冷凍もできないので、大根おろしにしてせっせと食べますが、これも二回分おろしておきます。一回分はそのままいただき、翌日の分には酢をかけて保存し、味噌味にしたり、大和芋をまぜたり、果物を和えたりして、大根おろしも和え衣として使っています。

ご存知のとおり、人参は目によいカロチンが多いとされています。私は人形制作の無理があってか目が悪く、一時は緑内障かといわれていましたので、それ以来二十数年、朝は人参おろしにりんごをおろして加え、レモン汁をかけていただいています。どの野菜よりも、鮮度の落ちの早いのにはおどろくほど。それだけ強い野菜なのでしょう。

余分な話になりましたが、眼科医に通う時間の空費に悩み、朝晩二回、冷水で目をたたくように二、三十回洗う生活にふみきりました。それだけで治ったとは思いませんが、今でも疲れが一番先に目にまいりますものの、無事でおります。

他の野菜でも使い分けをして使い切るように、小さい切りくずなぞは、たいてい味噌汁に切り方を変えて加えます。ただ、魚でも野菜でも冷蔵庫があるからといって、やたら数を増やさないようにしましょう。つい珍しい、安いと買い込んでしまうのです。冷蔵庫への過信をいましめたいと思います。

干ものは、うっかりすると忘れます。冷蔵庫に入れた干ものはますます固くなります。一度酒洗いしてからいただきましょう。

魚も味噌漬け、粕漬け、醬油漬けなど安全そうですが、親切も時が過ぎると味の落ちるものとご用心を。味の落ちる前に火を通しておくことです。

材料を捨てずに生かす料理法

立派なお料理のことは、私ごときが知ったかぶりで申せる自信は何一つございません。忘れ去られ、捨てておかれるものを拾って生命をあたえることの喜びは、いつでも優先しております。おいしいお刺身をいただくと、このあらはどうしたのかと思い、伊勢えびのごちそうをいただきながら、この殻でスープがと思うのは、へそ曲がりなのでしょうか。

捨てることが文化である、という言葉に感心していた戦時中でした。早くそんな豊かさがくれば良いと願っての戦後は、捨てる文化に熱心な時もございました。しかし、もって生まれたけちな性分は、豊かになればなるほど、これでいいのかと思い、心がなえてくるのです。

だしがらまで楽しい昆布

私は昆布が好きで、それというのも、海辺で生まれあきあきするほど魚を食べて育ったためのようです。魚の味、肉の味の勝った時は、気になって昆布で中和させる習慣があるのです。

昔は、今のように昆布を煮たつ前にひきあげることなどせず、料理ができるまで鍋に入れていたものです。その後、冷蔵庫のない時代でしたので洗って干しておきました。それがたまると、好みの味をつけ、いつもきらさないようにしていました。豆を煮たりする時にもその昆布が入ります。

だしがらゆえのさらりとした昆布の味が、むしろ豆と調和していたと思います。今は冷蔵庫がありますので、干すこともいらず、昆布もそれほど多くは使いませんので、冷凍庫でためてから使っています。

厚い上等な利尻昆布　昆布にもいろいろ種類があります。厚手の上等な利尻昆布はさいの目に切り、酢を入れて爪が立つまでやわらかくします。きれいに洗って酢の味をとり、梅酒の梅は竹串でつついて穴をあけます。これは煮くずれしないようにするためで、少々の梅酒と白醬油を入れてゆっくり、こってりと煮ます。梅を一個と昆布を五、六枚、その上にけしの実でもふりかけた一品は、ぜいたくな好みにもあいましょう。

広幅のうす手昆布　広幅のうす手の昆布は使いみちも多様です。刺身用の白身の魚をさくのまま軽く塩をして昆布に包んでおくと、三日ぐらいはうす切りにして刺身でおいしくいただけます。身のやわらかな鱒でもこうすると身がしまって、それを細切りにし、辛子醤油で、またバター焼きにしてもよいものです。

もんごういかや菜の花なぞも一日昆布押ししてしょうが醤油で……、鶏のささみも熱湯を通して冷やして昆布押しに……、鮭のうす切りも、等々書きつくせないほど昆布は活躍してくれます。その昆布の後始末がまた楽しいので、広幅うす手の昆布は大好きなのです。

魚の味のしみた昆布はたわしでよく洗って水煮し、やわらかくなったら酒、砂糖を入れ、味をみながら醤油を入れて甘辛く煮ます。小さい押しわくの中に、煮た昆布を寸法を決めて切って重ねてゆきます。十枚ぐらい重ねたところでふたをし、重石をのせて冷蔵庫の中に二日ぐらいおきますと、昆布がねばりを出してすっかりくっついてしまいます。それを二センチ角ぐらいに切りますと黒羊かんそっくりなのです。お客さまが一口で食べそうな時には、ちょっと待ってといって、一枚ずつ食べていただくと、みなさんびっくりなさいます。品の良いお正月料理になります。

だし用の日高昆布　だし昆布として一般用の日高昆布は、扱いやすいので、結び昆布にしておでんに入れたり、豚の角煮と一緒に煮たりします。
少々幅のそろったものは、細切りにして油揚げの細切りと煮て、煎り大豆の熱あつを昆布の鍋にジューッと入れ、さらに煮ると豆もやわらかくなります。酒少々と砂糖、醤油の味つけでおいしくいただけます。厚手もうす手も別々に分けるほどでもない昆布はみんなまぜて、実山椒を入れて甘辛く煮ておきます。

昆布は湿気をきらいますので、新聞紙に包んで風通しのよいところに置くと何年でももちます。だし用のものは寸法をきめて切っておき、見えるように広口のものに入れておきましょう。

魚のあらでブイヨンをとる

魚の切り身ばかり買っていると、それに骨や頭があったことを忘れている方が多いように思います。第一その魚がどんな形をしているのかさえわからないはずです。魚は切り身で海を泳いでいるのではなく、身は魚の三分の一ぐらいで後は捨てられているのです。

みなさん肉は手早く調理でき、スープのことにもくわしいのに、魚のあらのブイヨンとりは、忘れられているようです。というより、知識さえ与えられずに暮らしているので、驚いてしまいます。

食品の売られ方も変わりまして、刺身を買った時にあらもわけてもらうことは、スーパーでは無理かもしれません。

すし屋では夕方になると、あらの皿もりを出していたものです。今でもそんな親切なおすし屋さんがあるはずです。あらを求めたら軽く塩をしてしばらくおき、熱湯をくぐらせて冷水にとり、よく血あいなぞ洗いとります。水から入れてゆっくり煮て、熱いうちにこし、そこへ昆布を入れて少々の塩と酒を入れますと、それだけで十分なスープになります。使いみちの広いブイヨンです。

またブイヨンをとらずに、身のついた骨を少しの熱湯でゆでてから身をはずし、玉ねぎやトマトといためてオムレツにしたり、椎茸とみつばを入れた茶碗蒸しにするなぞ、私は朝飯のごちそうにしています。

大根一本でおかずつくり

大根の葉がふさふさとついているなど望むべくもないのですが、葉はちょん切られるものだと思っている若い人も多いでしょう。この頃、ようやく見直されてきて、葉をつけたままでという声もありますが、輸送の関係や葉を食べることに手間がかかることからか、その声もそれほど大きくなりません。私が知らないのかもしれませんが、よその国では大根料理はあまり見かけないようです。そのせいか大根ときくと、なんとなく郷愁を感じます。

若い女性の足を大根にたとえたのも、あの白い肌、みずみずしいつや、食べてしまいたいほどの愛情表現の裏返しではないでしょうか。今はその大根足にもお目にかかれないほど、みるみるスマートになりました分だけ、大根への解釈も変わったのだと思います。

質素であれば、大根一本で最低限のおかずができるのです。生で食べてよし、ふくふく煮るもよし、刺身、天ぷら、鍋ものになくてはならない薬味となります。保存用には、干したり、漬けたり、いつも身近でひかえめに、私は大根に支えられています。

寒い土地ではたくあん用に大根を長い葉のついたまま干して、大根は漬け、その干し葉は冬中の味噌汁の実になりました。温まるのはこの汁にかぎるといわれていて、冷え症の人は大根葉をさらしの袋に入れて、風呂に入れていました。子供たちはその臭いが嫌いでしたが、祖母は新しい湯は体に毒で湯冷めすると申し、しまい湯に入れて温まって寝るのだからと、せかされて風呂へ入れられたものでした。

東北の大根より知らなかった私は、上京してはじめて練馬や三浦大根を見て、みずみずしくやわらかなのを知り、女性の足を練馬大根と呼んでも不思議はないと納得したものです。それから二十数年後の現在は、練馬も三浦も影がうすれて、青首大根一辺倒になったことは何やら寂しいかぎりです。

一本の大根の真ん中が一番おいしいのはご承知のことで、これは風呂吹きにするか生で食べてみましょう。生の場合は厚く皮をむき、輪切りにし、うす切りのレモンと味噌を添え、せりやクレソンを樹に見たてて皿におき、昼の月と名づけてパリパリと食べています。

首の固いところや尻尾は、おろした方が無難でしょう。辛い時はほんの少しサラダ油をまぜると辛味が休まります。大根おろしは煮ものをやわらかくしますので、たこやあわび、いか、大豆なぞと相性がよいのです。また、山芋のおろしたものを大根おろしの汁でうすめますと、ピリッとした辛さがとても風味を添えてくれます。

大根葉はゆでて煮て味わう

大根の葉を逆の方にしごきますと、一本で相当とれますね。少しの時は、塩ゆでして菜めしや味噌汁の実にします。多い時は、先に申しました魚のあらから取った身を、油揚げのかわりにしていため煮をしますと、お互い捨てられるべき運命のもの同士の、暖かい味わいが出ます。色どりに人参をきざみ入れてサービスし、酒と醤油と油で砂糖はひかえめに。

大根の葉だけを電子レンジで乾かしておくと、いつでも緑の粉末を使えます。また、ねぎの青いところと大根葉とだしがらのかつお節をとっくり煮て、切りごまでもふり入れますとおいしくなります。葉を取った茎も太いところは無理ですが、いため煮しますと、この繊維は女性にとても良いとのことです。

大根葉の真ん中の小葉はいつ見ても可憐ですが、このやわらかいのをさっと塩ゆでしますと刺身のつまにもなります。またたくさんある場合は、熱湯を通して塩漬けした後、酒粕につけるのもおいしいもの。よくよく見つめてやると、大根はどこからどこまでも捨てるところがありません。

蓮根は遊びのある素材

蓮根《れんこん》は根菜類の中でもひときわ品と味をそなえていて、正月用なぞにはなくてはならない一つの風格をもっています。泥沼の中で、あの美しい仏花を咲かせ、花が終わってからは、花とは似ても似つかぬ穴だらけの根が、えもいわれぬ興味をもたせてくれるものでした。

中途からこの道に入った私のことを、いつも心にかけて下さっていた堀柳女師から電話がまいり、

「おもしろい料理を思いついたよ」

「なんでしょうか」

「それは、蓮根をタテに切って穴をみせない方法よ」

とのことでした。

この電話は、私に蓮根のことだけでなしに、新しい目を開くきっかけを与えてくれました。それからというもの蓮根は、遊びのできる格好な素材となり、蓮根が苦笑するくらい酷使させてもらっています。

蓮根の節にいちばん栄養があることは、昔からいい伝えがあっても、包丁が入らないのと、この豊富な時代ゆえに、かんたんに捨てられていました。あの節だけをタテに切ると変わった形になります。それを黒砂糖とたまり醤油で煮て料理の前盛りに使ったり、お弁当のすき間に入れるようになりました。また、細くて煮ものにならないところは、うす切りにして赤ワインで煮ますと、可憐な花のようです。

また、あの穴を利用して矢羽蓮根の紅白をつくると、前菜の形に重味がつきます。

蓮根は、おろしますともちもちしますので、少々山芋や玉子を加えて、時にはえびなぞ入れて揚げてみましょう。そのままでも、またうす味で椀ものにしても喜ばれます。

甘酢につけて白くするのは今まで通りの方法ですが、いつもそれをつくりながら、雪国育ちの私は雪の華を思い出していたのです。たまたま白醤油とめぐりあって、私なりの雪の華をつくることができました。白醤油とだしで味つけして、フラワーアーモンドをその上に散らし、小さい松葉をやはり白醤油と酒で煮て落松として散らして、恐れげもなくＮＨＫで放映させていただきました。

蓮根の穴は無用のものでなく、レースのように赤いもの、青いものを透かしてみせてくれます。あの穴にいろいろなものを詰めて揚げたりもします。カボチャに白味噌をまぜてはさみ揚げにする精進料理は、お盆の楽しい料理にしています。

蓮の花が、お盆の切り花として仏壇にすっくと活けられるのを見ると、子供心にも、やはりお盆ならではの感じをもったものでした。都会暮らしをしていて、さて蓮の花をと求めましても、小さい仏壇では感じが出ず、心にかけながらも、だんだんその習慣を忘れてしまっている現在です。

秋遅く蓮の花は、長い茎を下げて、風通しのよいところに何本もつるされていました。花びらは、冬になって霜やけや切り傷の手当てにと、母がペロリとなめて傷口に貼ってくれたものでした。

蓮の花は十六枚の花弁を持っているとか。あの美しい花びらに蓮根のなますを盛ってみたい、すり身を包んで蒸してみたいと思ったりしました。手の届かない不忍池のおおらかな葉を眺めながら、あの葉を大皿のように使ってみたいと望んだものでした。上野の池の端に住んでいた頃は、蓮の花が本当に身近でした。枯れ池から芽出し、巻き葉なぞ、雨あがりに露がころころ葉の上でゆれる様は仏の涙を思わせるのです。うす桃色のつぼみのふくらみだす頃は、蒸し暑い日がつづきますのに、水面をわたってくる微かな風が、ひととき暑さを忘れさせてくれたものでした。

味噌を片手につみ草をした日

つみ草をすることは、今では「ぜいたくな」遊びのようになりました。戦時中に食べるものの不足をつみ草で補充したのが、山菜への開眼でした。戦後の飽食時代になってからは趣味の食べ物のようになりました。ちょっぴり自然への反省心が、だんだんエスカレートして、山菜も栽培のものになりつつあるのは、本末転倒ながら忘れ去られるよりはいいことでしょう。

疎開した故郷の山河に、いろいろな自然の恵みを教えられたあの八年が、今の私を支えていると申しても過言ではないのです。

主人が出征中、三十四歳の主婦の私が家族五人をかかえての生活は、どなたでもしていた戦時中とはいえ大変な毎日でございました。がらりと変わった環境と境遇に、まず心の不安定、そして食糧の不足……。自然を味方にし、自然に助けられて暮らすしかないと、オロオロしながら体得したように思われます。何も知らないということは強いもので、三百坪の畑をたがやした時は、生活に必要なものを何でもつくろうと張り切りました。

近くにホップの花が咲くのを見て、麦を植えてビールをつくろうとも思いました。麦を植えてまず飴をつくり、大豆を植えてきなこ飴をつくったり、不自由なさびしい生活が、来る日も来る日も楽しい生活に変わりました。

春の山菜時には植物図鑑を持って、もの好きな五、六人をしたがえ、小皿に味噌を用意して採集に出かけました。山菜のもつ素朴な香り、ねばり、あく、苦味なぞ、畑の作物にはないなつかしさのようなものがうれしく感じられました。はじめてなので図鑑を見ても納得できない時は、率先して私がかじってみます。食べられないものは、飛び上がるほど苦かったり、痛い味のするものでした。だんだんなれてくると葉の色、生え方でわかるようになってきました。

戦後東京へ帰り、店を開きまして何より悲しかったのは、自然のないところでの山菜料理でした。ただ、当時はまだまだ原っぱがあり、あかざの葉やあかざの実をよく採りに行きました。しかし、翌年になるともう家が建ってなくなっている有様です。それを私が嘆きましたのを聞いて、上野の博物館のお庭に入らせてくださり、昼休みなぞおえらいさんたちまで応援してくださったことがありました。一番採らせていただいたのは、のびるとふきでした。ただ、何十年もほうってあるので、土が固くてのびるも小さく、どっこいしょと背負って車に乗って帰ってくると、腰が抜けるように大変でした。でも土の中から掘りおこすあの香りが、たまらなくうれしいものでした。その後だんだん役所もむずかしくなり、私もくたびれましたが、あの頃は一番いい時だったように思います。

幸い今も上野の山に住んでおりますので、行き帰りいつもキョロキョロして、芸大や博物館のへい越しに手をのばしてつみ草をするのですが、夜に客が来て、「見てましたよ」といわれます。何よりはこべが早く、暮れのうちから小さい芽を出すので、よく菜めしにいたします。

博物館の友人が、私の留守に、家の玄関前にはこべ、たんぽぽなぞ新聞紙に包んで置いて行ってくれたりします。

「東京ではつくしを木箱に行儀よく並べて売っています」と、残念がってラジオで話したことがあります。それを聞いたオホーツクの海辺に住んでいる見知らぬ方から、箱一杯のつくしが郵送されてきて、感激したこともありました。つくしはなぜか好きで、伊豆に住む息子のところへ、春には孫たちをひきつれてつみ草に行ったのも遠い話になりました。それでも気にかけつつ、つくしの採集の時期を取り逃がしている最近です。

ありがたいことに、郊外に住む友人が姉妹で採って届けてくれます。ハカマを取って煮ますと、ほんの少しになりますが、貴重な春の味をいただけるのは本当に幸せです。

以前はどこにでも空き地があり、あかざの葉が生えていて、つんできてはおひたしにしていました。秋口になると実がなり、魚の子のようにぷちぷちしておいしいものですが、この頃はめったに見当たりません。昨年、不忍池のほとりの一か所にあかざがたくさん生えていて、うれしくて二度ほど採りに行きました。今年はどうなっておりますか。明日のわからない自然の芽ばえも一期一会ですね。

つみ草ではありませんが、柿の若葉もよくいただきます。まだみどりにならない黄ばんだ若芽はやわらかく、そのまま細く切り、キャベツとまぜておひたしにしています。少々固くなったら、ゆきのしたと一緒にてんぷらにしましょう。柿の葉の上に菜の花をのせて揚げ、花いかだなぞと名づけて遊ぶのも春ならではの楽しみです。

香り野菜と親しむ

山うどの葉は天ぷら、皮はきんぴらにして

うどには山うどと栽培した白いうどがあります。山うどもこの頃は栽培ものが出回っているので、丈も太さもそろっているのは栽培ものと思わねばなりません。自然に生えている山うどは太さも丈も違い、香りは強烈で、皮をむいたり切ったりすると包丁が黒

くなるほどあくがあるのです。

この春、山へ行き、とれたてをその場で皮をむいて、すぐ持参の生味噌や白梅酢につけて食べてみましたら、みずみずしく、とてもおいしく、あくなぞ感じませんでした。この年までそのような鮮度の良いものは食べたことなく、持って帰って半日以上おいたものさえ鮮度が良いと思っていたのです。それが店頭に並べられることを思えば、都会でうどのあくの強さをとやかく申していたことをすまないと思いました。

山うどは捨てるところがなく、葉は天ぷらに、皮はきんぴらにし、少ない時はごぼう、人参にまぜていためてもおいしい香りがいたします。

昔からうどの大木ということわざがあります。うどの大きくなったのは役たたずのはずですが、その大木に咲く白いてまりのような花も、うどの香りがうれしく、取ってきたのを捨てかねて天ぷらにしてみたら、形も味も上々でした。なかなかうどの花にめぐり会えない現在ですが、めぐり会ったらお試しください。

山のものはどうも味噌に合うようで、酢味噌、辛子味噌がぴったりです。その時はわかめなぞ忘れずに入れてください。山菜のあくを消す役目を海草がする由、先人の知恵を大切に。

栽培の白いうどは、同じうどでもまるで品格が違います。日本料理のそこはかとない香りと味をそえるもので、これも捨てるところはありません。太いところはおもてなし用に使った後、細く出た枝、皮、根つきなどみな細切りにしていため煮すると、うどの良い部分よりも味があり、小づけに、前盛りに、弁当に、少々でも役目を果たしてくれます。けしの実でもふりかけて。室《むろ》栽培だけに非常に傷みやすいので、大切にしすぎないように早く使いきることが肝心です。

みょうがができまる柴漬けの風味

みょうがを食べると物忘れをするとて、子供の時は食べさせてもらえませんでした。みょうが畑は日の当たらないところにあり、みょうがが顔を出したところを取らないと、花が咲いて中がスカスカになるのでよく取らされました。いつも湿った土の中で手が汚れていやなものでした。

みょうがには本当に独特の味わいがあります。まず朝の味噌汁の薬味に、細切りして玉子とじに、サラダに、油を塗って焼き田楽にと、出さかりは毎日食べてもよく、余分な時は塩漬けにします。どういうものかみょうがの塩漬けはかびが生えますので、洗って水気を十分切って梅酢を入れておくと、長もちしてとても重宝します。

なすやきゅうりの古漬けにみょうがが一つ加わることで、風味が出て、梅酢を加えると柴漬けにもなります。みょうがが入らない柴漬けは、それこそ物忘れしたようなものです。

とても便利な赤じその梅酢漬け

しそは日本独特のものなのでしょうか。昔は赤じその方が多くて、青じそをはなして植えても、青じそが負けて葉裏が赤くなって、青じそがなかなか育ちませんでした。最近、大葉という、うす手のすばらしい青じそが出回っています。料理の香りや味つけに、また、芽は刺身のつまにはなくてはならないものです。しそは畑でおおきくなった葉を、梅干しを包むためにせっせとつみました。

穂が出て花が咲いたら、穂じそを毎日こき出して、塩漬けにした日は指さきがあくで黒ずみ、しその香りがしていました。しその実は塩漬けにする前に、油でいためて煮るのもおいしいもの。白いご飯にのせて食べたり、お茶漬けにしたり、塩辛いので甘いしる粉にも欠かせない風味です。

都会暮らしになって、思い出の彼方のものになり、先年山形でしその実の塩漬けを頼んで送ってもらいました。とても大きく油くさい実が届きまして、これはしその実でなく、えごまの実でないかと申しましたら、今年は肥料がよかったから大きくなったのでと、苦しい弁解をされました。私にはどうしても、えごまの実に思えるのでした。

えごまという植物はしそとそっくりですが、非常に強く竹の根がはびこった時、えごまを植えると竹が負けてなくなるといいます。

葉は大きくて厚く、実もしその実そっくりですが、大きく油が強く、その実は和えものに使い、鳥のえさにもなるようです。韓国の方から、しその葉の南蛮味噌漬けをいただきましたが、やはり日本のようなうす手でなく、えごまではないかと思われました。

話が横にそれましたが、赤じその葉は梅酢に漬けておきますと大変便利です。大きい葉はおにぎりを包んだり、巻きすに並べておすしを巻いたり、大根を包んで漬けたりと、何ともいえないなつかしい風情をもちます。

また、小さい葉はよく汁を切って風干ししたものをきざんで、ゆかり粉をつくります。まっ白に煮あげた室栽培のうどにさらりとかけてもおいしいもの。

生で食べるふきのとうの花吹雪

ふきのとうとつきあうようになったのも、戦時中でした。とても苦くて、たくさん食べると舌が曲がるような感じで、一ひら二ひらをきざんで味噌汁に入れることから始りました。できるだけたくさん食べてみたいと思っても、ごちそうのたっぷりある時は考えものです。たとえばひらめのお刺身を出す時なぞは、ふきのとうがひらめを負かすほど強烈で、半日ぐらい舌にのこる味なのです。

最近のような飽食時代は妙なもので、かたやぜいたくをしていても、どこか心が飢えているのでしょうか。これは日本人の感傷なのか、ふきのとうを薬味のように少々お出しすると、貴重品とばかり喜ばれるのです。

私はふきのとうをなんとか生で食べたいと思います。それは、煮ると香りがとび、苦味ばかり残るのが残念なのです。それであの花弁状のところをごく細切りにし、水にさらして黒い水が出なくなるまで氷水で洗い、水切りします。菜の花とかバラの花とかきざみ入れ、その半量のかつお節を入れ、あさつきを散らしてふわりとさせ、生醬油をそろりとかけて、花吹雪と申しております。

また、花弁状のところでえびのすり身なぞを包み、うすい衣をつけて油で揚げもします。ふきのとうは油とよく合い、小さいのは真ん中に包丁を入れるだけ、形をそのままにして揚げて田楽にします。

この頃は、暮れ前に栽培ものの固いふきのとうが出回ります。春のものを秋に食べる悲しさを味わい、そのまま醬油と酒で煮てしまいますと、忘れるくらいもちがいいのです。

袋詰の水煮のもの、佃煮などはなんとも味気なくて、ふきのとうに気の毒な感じがしています。ふきのとうも大きくなり茎がぐーっと伸びたものは、葉と花を取り去り、ふきのようにはいきませんので、小口切りにして昆布と一緒に煮たりいたします。

ふきのとうをなんとか生で食べたいと工夫した「ふきのとうの花吹雪」

真っ黒に煮るきゃらぶき

栽培のふきは、立派に成長して年中出回っております。おいしくないけれど、あのみずみずしさに、ついひかれて買いもします。ビニールでしっかり包んであるので葉の鮮度も見られず、しらす干しなぞで煮ようと思っても傷みのあるものが多いようです。

ふきは春だけのものではなく、取り残したのや伸びなやんでいたのが、秋にはあくも少なくて大変おいしいのです。

山ぶきをきゃらぶきにしますときは、一日風干しをして、しんなりさせて皮をむかず、皮との間のあくを利用するようにします。切って煮出して、たまり醬油で気長に煮ます。鍋どめ（汁の中に一晩おくこと）して、鍋の中を見ながら煮つづけると、真っ黒になり、とても不思議な気がしています。私は料理の中で赤いもの、白いもの、黒いものが好きで、このきゃらぶきを真っ黒に煮ることに大変熱心なのです。

私が人形制作をしていた頃、布のあつかいで苦労していた時、布を殺して生かすのだと堀柳女師にいわれ、自分の執念の足りなさを思い知らされたことがありました。きゃらぶきを煮る時、ふとその言葉を重ねあわせて、納得の思いをしています。

人形制作時代は立派な師をもっていましたが、料理はいつも一人で、その時その時の気持ちだけでのめりこんでさえおります。ひたすら料理を楽しんでの年月ゆえに、的のはずれておりますことの数々をお許しください。

花を食べる

幼い時に、蜜をもつ花を見つけては、口にくわえて遊びました。海水浴に行っても、海辺に咲くハマナスの花弁を口にくわえて、あの香りで元気に泳げるような気がしていたのです。

ずーっと後で、人形づくりになりました時、「丹花」という人形をつくったことがあります。若い狂女の姿でしたが、一輪の赤い花をくわえており、「丹花をふくみてちまたをゆけばひっきょうおそれはあらじ」という岡本かの子の歌からの創作でした。

人形づくりが料理を始めたのですから、けっしてプロになるなぞと思ってもおりません。自分のおもむくままのものをつくりたいという人形づくりの精神を断ち切って、料理に切り替わったとは思いませんでした。一人の人間の感性が形をかえて生きるのだと、私は自分にいい聞かせていたのです。そう思わねば悲しかったからでしょうか……。

花を食べるということもごく自然のことでした。

花の美しい色が見過ごせず、畑をつくっていますと、芽出しから花が咲き、実るまでの間をみんな食べてやるのが楽しいことでした。

この頃では花屋の花は強烈な防腐剤で、顔を近づけても、香りをかぐのは気をつけてといわれたことがありますが、毒だらけの美しい花とは悲しいご時世です。

季節を追ってまいりますと、まず春一番にはこべが小さい花をつけています。あの小さいのをちぎっては、春のさきがけとして、朝の味噌汁に一つ浮かべたりします。ふきのとうはもちろん、菜の花も、椿も、そして山椒の花も……。春蘭は、多少でも手に入りましたら塩漬けにしておきましょう。花がしっかりしていますので、いろいろ楽しめます。

青森へ疎開した時、ホップの花が咲いておりましたのを、はじめは玄関に飾っていました。あのさらさらの花は大根膾に入れたり、揚げたりいたしました。

わさびの白い花は、ざくざく切って塩水で洗い、熱湯をかけて密封し、半日おくと鼻をつく辛さになります。長芋の細切りにそれをどっさりのせて、涙の出るようなあの野趣のある味は、春の辛さかと思います。

菜の花漬けを京都ではじめていただいた時、ほのかな香りと味に感心して、北国の菜の花を漬けてみましたが、どうも上手にできないのです。もっぱら花をそのまま使ったり、軽くゆでて納豆和えにしたりします。また戦時中に、八重桜のつぼみを白梅酢で漬けてみたりいたしました。

藤の花も色が美しいので、キャベツと一緒におひたしにしてみましたが、酢をかけると色がとびますので、揚げましょう。アカシアも香りが強いので、おひたしにするより揚げた方がいいようです。

えんどうの花は格別に好きな花で、五、六月に咲く母なる花と思います。白、ピンク、赤、それぞれ実りの前に精一杯咲くところを長くもたせたくて、塩漬けや酢漬けにしてびんに入れておきます。また、つると花の片側に衣をつけて揚げたりしてもよいものです。

きすげの花は肉も厚くて、甘く、天ぷらや酢のものにします。なかなか手に入らないので、カボチャのむだ花をかわりに使いました。きすげの花のような甘さはないけれど、きゅうり膾の色どりにもしました。

万葉の歌にこうほねの白い花を食べたとありますので、たんぽから採ってきましたが、花が固いので、むしろ一夕の箸おきにした方が効果があったように思います。

お盆に咲く蓮の花は熱を加えると、あのほのかなぼかし色が黒ずむものですから、花弁の中にきゅうり膾を入れたり、黒い塗りのタライに水をはって浮かべたりして、生活をうるおしました。

採り残した人参が花を咲かせますが、雪女郎のかんざしはかくも淡く寂しいものかと思うような青白い花が、紙を張らない番傘のように咲いて美しいものです。人参の葉は昔から天ぷらにしますので、花も一緒に裏側だけ衣をつけて揚げてみました。

私は食用菊の産地生まれでしたので、花を食べるということはごく自然なことでした。菊の大輪をいただいた時も、あまりの見事さに日数がたっても捨てられずに、食べました。花弁が袋状になっているせいか、煮減りせず、べたつかず、歯ざわりもよくておいしかったのです。

うっかりしていると、花の咲くみょうがはカスカスで食べられないものになると前に書きました。その花をそっと取って、塩水で洗っておわんに一輪入れましょう。春蘭にはかなわないまでも、もっと可憐で頼りなく、いい香りもないけれど、私の楽しみがまた一つ増えるような気がしました。

心をこめたおそうざい

余分に買って工夫する魚料理

私が育った魚市場は夜明けの商売でしたので、朝起きするわけでない子供たちでも、夜映画館へはめったに行かせてもらえませんでした。つい夜遊びをした男たちは寝る間もなく、赤い目をして働いていました。船の入る日なぞは母も刺子の働き着を着て、カバンをさげて浜へ出て行き、家中がなんとなくざわざわするのでした。そんな朝は女学生だった長姉が起こされて帳場に座らされ、電話番だけでもと手伝わされていました。

どういうわけか、妹たちには一切そういうことがなかったのです。あとで聞いた話ですが、長女には養子を迎える習わしがあったらしく、そろそろ年頃になった姉の将来のため、それが親心だった由。

子の入った鰊が五匹で十銭、重たいくらい子の入った鱈が、一匹十銭といわれた頃の話です。いかも生きていて足が吸いつくようなもの、トロール船でさらってきた近海の鮮魚類、何もかも新鮮そのものでした。朝焼いたものはあぶりざましといって、夜には食べないのです。時には大きなまぐろがたたきに並び、仲買の人たちが包丁さばきもあざやかに帰ったあと、皿とスプーンを持ってまぐろの骨から身をそぎとり、山芋をかけて食べたものです。それが山かけだと思っていました。あのそぎ身の山かけは本当においしいものでした。そういう育ち方をしていたので、魚の保存法なぞ知らなかったのです。いかの風干しや小魚の干もののおいしさも知りませんでした。

生うにも殻ごとごそっと台所へ運ばれると、そのまま火の上にのせて焼いたり、帆立貝、ほっき貝も同じように焼いて生醤油をかけて食べるのです。料理の工夫もお客のこない日にはないので、何ごともそのままの荒いものでした。ただ、母は魚より野菜を好む人で、他の料理に手をかけていたことを、子供心にも不思議に思ったものです。それが何かと私の記憶によみがえるその後の人生でした。

魚に恵まれ過ぎたせいで、東京へ移り住んでからの魚屋のながめは、なんとも当惑の連続でした。鮮度のよいものはべらぼうに高価過ぎるので、それから本当に魚と私のつきあいが始まったといえます。

魚の切り身のうすさがいやで、いつも大きく切ってもらいますため、どうしてもよけい買うことになります。その余分の活用が工夫になったようです。

鮮魚は冷蔵庫では乾きぎみになり、それを防ぐために私はぬれぶきんをかけるようにしています。魚はすぐ頭をとり、腹を出してきれいに洗い、その使いみちにもよりますが、まず軽く塩をしてしめることです。味にならないような軽い塩をまんべんなくするのがこつです。肉のかたまりの時は、塩こしょうを手でなすりつけて、ふきんにしっかり包んでおきます。正月用の時などはその上に醬油をまわしかけ、醬油を切って冷凍したりします。何よりも長く冷凍庫に入れておかないことです。冷凍庫過信は味を損ねます。魚は粕漬け、西京漬け、味噌漬け、醬油漬けなぞにできますが、何に漬けるとしても、残りものを漬けるのでは味が悪いのが当然です。はじめから予定をたてて、食べ頃への準備その他、気を配りましょう。

私はまず塩をしてしめたもの、あるいは焼酎洗いしたものなぞ、酒粕を利用して漬けます。奈良漬けの粕もねり直して味噌を少々加えると、味も新しくなりますので、身欠き鰊、鰺の干もの、目刺しなぞを漬けています。その時にめんどうでもガーゼを敷いて漬けると、魚の臭みがガーゼにしみついて、粕や味噌をいためず、また、魚も洗わずにそのまま焼けるのです。ガーゼは時々洗って取り替えましょう。

海の国日本で、魚が食事の中心ではなくなりつつある現在です。これまで、魚料理を手際よく処理するような工夫も足りなかったのではないかと思います。都会のスーパーで買えるものから、私なりに工夫した料理を二、三あげてみましょう。

鱈の昆布じめ焼き

鱈という魚は水分が多いので、身われしやすいもの。軽く塩をした後、昆布をふきんでふいて広げ、その上に並べて、昆布をかぶせて半日から一日押しておきます。鱈に昆布の味がつき、水分が抜けます。フライパンにサラダオイルとバターを入れ、鱈を並べて焼きます。残った汁にマヨネーズとあさつきの小口切りを入れてソースをつくり、鱈にかけてレモンをそえます。

鱈の昆布押し

鱈は軽く塩をして皮を取り去り、うすくそぎ切りにします。しょうがと人参を細切りにし、鱈と一緒に米酢をくぐらせて、酢を切ります。昆布をふきんでふいて広げたところに、鱈の切り身、しょうが、人参の細切りをのせて昆布をかぶせ、軽く重石をして一日押しておきます。刺身風に重ね盛りして、棒しょうがをそえてください。

鰯の醬油焼き

鮮度のいい鰯は頭と尾をとり、洗って筒切りにして生醬油につけて一晩おきます。こうすると焼いても身くずれもせず、腸も食べられます。弁当に入れても油が出ず、しょうがなぞ入れなくても大丈夫です。さんまにも同じようにしますと、さんまの腸のほろ苦さが格別です。

生干し鰯のおろし汁煮

生干し鰯または一晩塩をしておいた鰯を、頭を取ってよく洗います。鍋に昆布を敷いてその上に鰯を並べ、大根おろしの汁をかぶるぐらい入れ、はじめだけ強火、後はごく弱火でゆっくり煮ます。昆布を敷いていますので、昆布がぴちぴち焼ける音がしたら、火をとめ、冷めるまでそのままにします。冷めないうちに動かすと、皮がはがれますので。さらし玉ねぎのみじん切りに、マスタード、レモンなぞ入れてサラダ風に、また和えものにも。大根おろしが鰯の油を流してさらりとさせます。

生干し鰊の粕味噌漬け

鰊《にしん》はながいこと不漁でしたが、この頃、肉の厚いひらき生干し鰊が出回っています。時には多めに買って利用してください。

生干し鰊は焼酎で洗って、二日ぐらい天日に干しますと、つややかに照りが出てとてもおいしくなります。そのまま皮をむいて、春ののびるとともに味噌をつけて食べる、野趣のある田植料理にもなります。

生干し鰊に軽く塩をして三十分ぐらいおき、水分をよくふいておきます。酒粕（奈良漬けの粕など）と味噌を同割りにしてよくまぜあわせ、その酒粕味噌を敷いて、ガーゼをかぶせます。その上に鰊を並べ、またガーゼをかぶせるという風に漬けておくと、三日目ぐらいからおいしくなります。

また、よく乾いた鰊は、細切りして、さらし玉ねぎとまぜ、辛子味噌で和えますと、さっぱりいただけます。

生鮭のしょうが煮

生鮭《さけ》は冷凍ものが多いので軽く塩をするのですが、私は塩のかわりに直接白醬油をまわしかけて使っています。煮る時は、醬油洗いの程度、焼く時は白醬油に一日つけます。塩とちがって身がしまり、味を加えて美味になります。

煮魚の場合は、魚のおいしさとともに臭みも汁に出るものですから、まず魚の鮮度によって煮方を変えることです。鮮度の良いものでしたら、酒と醬油だけで、身がはじけるように煮えますので、それだけでおいしいと思います。また、照りを出したい時は、最後にみりんをふり入れています。都会の魚は甘味を加えないとおいしいといってもらえませんが、甘味は注意して惜しんで使いたいものです。

生鮭でも、鯖《さば》でも同様ですが、鮮度のあまり良くないものは、しょうがを入れることで生臭みがなくなります。くせのある野菜（春菊やあしたばなど）の固い茎を利用して煮たりします。

春は山椒の実など煮ておき、秋は九月頃にでる青南蛮の細いのを酒で煮て、煮魚の味つけに、いつでも利用できましょう（96、99頁参照）。

金目鯛のケチャップ煮

煮魚は汁がたくさんでないと、煮るのに苦労します。しかも金目鯛《きんめだい》のように肉の厚いものは汁もたっぷりにします。鍋に酒を入れて煮たててアルコール分をとばしてから、同量の醤油を入れ、魚を入れて煮ます。鍋をかたむけて火を通し、煮えたら魚を皿にとります。すぐしし唐辛子に爪で傷をつけたものとトマトケチャップを鍋に入れ、甘味と酸味を加えて煮詰めて、金目鯛にかけます。

肉がにがてな私の肉料理

肉が嫌いというわけではないのですが、どちらかといえば、お刺身で飲みたい、ご飯を食べたい、そんな習慣から抜けられないのでしょう。それにあの脂が気になって、意識せずに脂を抜く肉料理が身についてしまっておりました。

一番おいしいところを抜くのなら、肉は食べない方がいいのかもしれませんが、脂を抜いた肉が、また一味ちがうものになることも楽しくて、肉を見るといかに脂を抜くかを考えるようになりました。また、抜いた脂ももちろん利用します。鶏の脂を入れて煮ると湯豆腐にすが立ちませんし、豚の角煮の時に流れ出る油で、じゃが芋やりんごを煮たりしています。

牛肉のスープ煮

牛肉のかたまりを水の一パーセントの塩、または醬油を入れた水の中につけて、二、三日冷蔵庫へ入れておきますと、つけ汁が赤くなって肉のあくが抜け、脂がしぼんだ感じになります。それをよく洗い、軽くたこ糸でしばって、ねぎ、しょうが、ニンニクを入れ、かぶるぐらいの水ではじめだけ強火、あとはごく弱火で、表面がボチボチと動く火加減で二時間ぐらい煮ます。汁が煮詰まったら水を足してください。

ゆで汁はよいスープになります。肉はうす切りにして柚子味噌をつけるとか、玉ねぎのスライスをのせて辛子入り酢油ソースをかけたり、大根おろしにたっぷりのポン酢などでいただきます。

豚の酒粕煮

豚肉のかたまりは塩こしょうを少々強くして一日おき、翌日酒粕を水で溶いたたっぷりの汁で一時間以上ゆっくり煮ます。豚肉の油が抜け、肉に味もついておいしくなります。椎茸の蒸したのと一緒に、刺身風にわさび醤油かしょうが醤油でいただきます。また、マリネ風にしたり、サラダにも使います。ゆで汁は大根、人参を入れてスープにします。

桜肉の網焼き

馬肉は色がきれいなので、桜肉と申すのでしょうか。くせのないおいしい肉です。肉はうす切りにしたものを、みりん、酒、醤油を同割りにした汁にくぐらせて網焼きにします。大根おろしにレモン醤油で。

豚の焼酎鍋

豚肉やベーコンを、火をつけて酒精分を抜いた焼酎で煮る鍋ものです。ロシアではウオッカで煮ていたとかききました。子供の頃、母が焼酎で魚を煮たりしていたのを思い出して試みたものです。豚肉もベーコンも油が抜けてシャキシャキして、焼き豆腐、白菜など、入れる具もおいしくなります。これもポン酢でいただきます。

ラムの山椒焼き

ラム肉は細いナイフで脂をできるだけ取り去ります。そのとき肉がくずれますので、タコ糸でしばって形をととのえます。粒山椒の佃煮をすり鉢でよくすって肉にこすりつけ、みりんと醬油半々にした汁にラム肉を三時間ほどつけます。中まで火を通さぬよう中火で返しながら網焼きします。

そぼろ牛肉

牛肉のひき肉を、たっぷりの湯で二度ゆでこぼしますと、脂がよく抜けます。それをふきんに取って固くしぼり、水気を切って熱いうちにすり鉢でよくすります。かたまりがなくなったら鍋にうつします。二百グラムのひき肉が、脂が抜けて百二十グラムぐらいになります。酒、砂糖、醬油を各大さじ三杯入れてまぜ、湯煎にかけてふりかけ状になるまで気長に煎ります。ごくごく乾いた粉末にしますと、室温で一年くらい変化しません。

利用法が広く長もちするので助かる一品です。餅を焼いてまぶしたり、おにぎりにまぶして散らないようにラップで包んだりします。

　また、かんぴょうの煮たもの、お麸《ふ》の甘煮、いかの刺身、鶏の刺身の半ゆでしたものと和えたり、かけたりしていただきます。

煮豆のこつはいたわって煮る心持ち

　道ゆく人も少ない朝の静かな街に、ひときわ高く聞こえてくる豆腐屋のラッパと、なんとなくか細い声を出してふれてくる納豆売りにまじって、毎日ではありませんが煮豆も売りに来たものでした。

　溜め塗りの深い引き出しが二つついていて、一つには金時豆や虎豆が、もう一つには大豆の煮たものが入っていました。大豆の方には辛子をそえてくれ、時には青海苔もかけてくれたように思います。青海苔の方は母がかけてくれたのかなぞ、記憶もさだかでない朝のひとこまでした。

　家庭の煮豆は味も形も一定しないのに、売りにくる豆はいつも同じ。おいしいというより無難な味で、今一つもの足りないと子供心に思ったものでした。煮豆はめったに買ってくれませんでしたが、煮豆を買うものではないと思うようになったのはそのせいではなく、やたらに甘い煮豆になったからです。この頃はいただいた時なぞ、茶きん絞りにして茶菓にしたり、昆布を入れて煮直すこともあります。

何より、豆は花が美しいのです。可憐なつるをのばして咲く花々、どの豆でも共通なものをもちながら、微妙なちがいをみせる豆の花。高原豆の花なぞはしっかりしているので、そのままお椀に入れたり、塩漬けや酢漬けにしたりして楽しめます。春蘭とともに、花の漬けものは美味というより、夢をそえてくれます。中国では豆のつるを豆苗《とうみょう》といって珍味としているようですが、本当に甘いのです。

寒いところは豆がおいしく、六月、朝の味噌汁にえんどう豆をさやごといっぱい入れたものでした。さやを口の中でしごき出すあの豆は下品だとでも思われてか、近頃見かけなくなりました。栽培されなくなったのでしょうか。

豆は何より煮方が大切で、理屈で申すよりも幾度も煮てみること。あくを取りあせらずゆっくり煮ることのようです。豆の煮方をよく質問されますが、新しい豆と古い豆では同じ豆でもちがいます。まぜて使わないで、できるだけ買った時をおぼえておきます。時間がかかること、ちょいちょい神経を使わなければならないことで、豆は重荷に考えられるようですが、豆ぐらい正直に煮えるものはありません。水加減も、わきについていられない時は、多めに入れるようにすればよいのです。いつも見ていられる時は、豆より二センチぐらい多く入れ、ちょいちょい見て煮ることです。それぞれの生活環境に合わせて豆は煮るものだと思います。

　水煮の豆も出回っていますので、豆の煮方などいう必要がないかもしれませんが、忙しい時は、寝しなに魔法びんに入れておけば、翌朝早く火にかけるだけで、台所にいるうちに煮えます。恐れずに煮てみることです。

気楽に煮る雁喰豆

豆の代表と申せば、やはり正月用の黒豆でしょうか。それも丹波の黒豆の良さを知ったのは、料理の仕事にかかわってからのこと。すばらしい豆です。それまでは、雁喰豆《がんくいまめ》という平べったい黒豆で、雁がついばんだように真ん中がくぼんでいて、「しわがよるまで豆に暮らせ」とばかり楽な煮方をしていました。切り昆布を入れたり、黒砂糖もよく使いました。

　コーラスのメンバーだった姉は、のどによいとかで、黒豆の汁をいつも飲んでいたので、その豆の汁に砂糖と酢を入れると、赤紫に発色するのを知りました。

　秋遅く出回る、うす皮の黒い枝豆は格別おいしい豆でした。それが雁喰豆の枝豆だと思いおこし、岩手の啄木の生まれ故郷の渋民村なら、その枝豆が食べられるのではないかと、秋の旅を思い描いています。丹波の黒豆と並ぶべくもない平たい黒豆ですが、いずれの黒豆にせよ、豆をよく知り豆にしたがって、いたわって煮ることにつきると思います。

黒豆とならぶ豆の代表、小豆はもっと身近です。かわいい豆なのに赤いダイヤなぞと怪しげな名がつき、先物《さきもの》相場といわれる取引の対象にされます。収穫以前から投機的要素がからむことは、消費者には関係ないことです。何より国産品がおいしく、北海道産のものや、やはり丹波ものが群をぬいて味と品格をそなえているようです。

なつかしい大豆の鉄火味噌

豆の種類はたくさんありますが、手ごろな豆では大豆、これは大変に需要の多い豆で甘味なくして食べられるありがたさです。節分の煎り豆をとっておくと、とても重宝です。煎ってあるのでもう一度軽く煎るぐらいで、皮をとって炊きこみご飯に、ひじきの煮つけに、また、鉄火味噌にしたり、醬油味にして保存したりと、書きつくせないくらい役立つ良い豆です。鉄火味噌は、ごぼうのささがきと大豆をいため、砂糖と酒と味噌を入れてゆっくりいため、煎り煮をします。最近では鉄火味噌というと、ピーナッツ入りのようですが、大豆の鉄火味噌はとてもなつかしいものです。

青いひたし豆も大豆ですが、色を残したいので、固ゆでするのがこつ。おろし和えにしたり、サラダに入れたり、たたいてすり、和え衣にもします。

えんどう豆のバターいためは大丼で

赤えんどう豆も好きで、みつ豆にはほかのものは考えつかないぐらいぴたり決まっています。重曹を入れて一晩水につけてから煮て、重曹の味を洗い落としてまたゆでます。それをバターでいためめ、あさつきの小口切りを散らして食卓に大丼ででんと出すと、いつの間にかなくなっているのです。

えんどう豆の塩煎りや塩ゆでは街角の屋台で売っていて、新聞紙でつくった三角の袋に入れてくれたものでした。

金時豆や虎豆は、早く煮える豆なので、今までの豆同様ゆっくりかまえていられません。一晩水にひたすのは同じですが、よそ見をしてる間に煮えますので火加減に気をつけてください。

高原豆は皮がやぶけにくく、大きいのを五粒もお皿に盛るとさまになり、私はこの豆の存在感みたいなのが好きで、肉類をまぜたり重宝しています。牛肉や豚肉、ベーコン、また果物でも、あまりこだわらずにまぜて煮てください。豆も肉といっしょでは色が染まりますので、別々に煮て、煮あがってからまぜ、味つけをします。ひと煮たちさせることで味がまざります。

豆は木灰汁で煮るのが一番とされていますが、京都あたりは米のとぎ汁に一晩つけて、豆によってはそのまま火にかけ、あとで水をかえるとか。

この豊かな食生活の中で、変わりもせず豆だけを静かに並べ、今でも升で量って売っている豆屋へゆき、今年の豆の出来不出来の話をして、いっとき豆談義も楽しいものです。

つるつるいただく豆腐の味

下町に住む幸せは近所に豆腐屋があることで、できたてをそのまま いただくのが一番おいしいと思います。そうもいかない時は、熱湯でゆらゆらとひとゆでして二日ぐらいもたせます。お湯を通して少々固くなった豆腐は、細切りや小さいあられにするなど切り方を楽しめます。花麩《はなぶ》と椎茸を入れる汁や、山芋のすりおろしたのをぽたりと落とす八杯《はちはい》豆腐汁などに便利です。

また、法事の時は寄せ豆腐を必ずつくりました。子供の時はあまり好きではなかったものですが、ある年齢になるとなつかしく思い出されて、再現してみました。前日に豆腐屋さんにボールをあずけておき、豆腐になる前のを寄せ（流して固め）てもらうのです。それをお玉で丸くすくい上げてお椀に入れます。とろろ昆布を温かい濃いだしを入れてまぜ、とろみのついた汁をこして冷やし、しょうがやねぎ、しその実、みょうがなぞをのせた寄せ豆腐にたっぷりかけましょう。つるつるといくらでものどを通る豆腐は、まぎれもない日本の味です。

豆腐は精進と決めていたのは昔の話で、大変バラエティに富んできました。豆腐は冷凍しておきますと、また風味が変わって汁ものに煮ものに役立ちます。また、両手で静かにはさんで水を切り、乾いたふきんでさらに水を切って、軽く塩こしょうしてから油焼きするのもおいしいもの。とっくり煮ふくめて玉子とじにしたり、凍らせた豆腐の煎りものなぞも形が変わって楽しんでいます。

油揚げ、がんも、焼き豆腐……。先人の知恵に感激して、何もない時は主役にさえなり、助かっています。

戦時中の長い抑留生活から帰ってきた人に、何が食べたかったかと聞きましたら、お豆腐と日本茶だといわれたことがございました。すしとか天ぷらなどと皆さんおっしゃいますが、もっと素朴な欲望は、なんの変哲もない豆腐、おふくろのような持ち味が恋しかったのだと思います。

戦時中は楽しかったというと、大変なさわりのあることで、つつしまねばならないのですが、今のように食料が豊富ならば何も工夫しなかったと思います。無から有を生ずることが、生きている実感をわかせました。豆腐が楽に買えたら、豆をすったりしなかったでしょう。

貝の汁入り豆乳スープ

呉汁《ごじる》（大豆を水につけてふやかしたものをすった汁）をつくり、鍋に入れて、火にかけると上に皮がかかり固まってくるのを、長い箸ですくいとり、乾かして湯葉にしました。その後を豆乳だといってよく飲みましたので、今でも豆乳には親近感をもっております。豆乳の飲み方もいろいろ工夫いたしました。豆の香りが嫌いだからと、豆乳を煮すぎては固まりますので、そこが少々むずかしいのです。どんなスープでも味つけにはなりますが、私は貝のスープが一番良いように思います。豆乳に貝のスープを入れ、少々栄養的に牛乳より劣るといわれていますので、アーモンドの粉末を加えたりしてよくいただきます。

おひたしをもっと楽しく

生野菜のブームがつづいて久しいのに、私の食卓には昔通りのおひたししか登場しません。

生野菜も良いに決まっているし、おいしく好きなのに、なじめないのです。サラダと名がつくとなんとなく大切りで、派手で、油がたっぷりかかっている上に、フォークやナイフですと、大口をあいて食べても思ったほどいただけないからなのです。箸族の年寄りのせいばかりでなく、もっとつつましく、野菜をたくさんいただけるようにと、なんでもさーっとゆでておひたしのようにしています。どんな時でもおひたしは食事の副食物と思い、野菜も一種類と決めず、キャベツ、ほうれん草、小松菜を基本に、二、三種類こだわらずにまぜています。

たっぷりのお湯でゆで、急激に冷やす

野菜はできるだけたっぷりのお湯でゆでることです。鍋が小さい時は、根と葉を分けてゆでます。すぐ水にとり急激に冷やすことで、あくが抜けうまみが出るように思います。それを絞って切り、だし汁四、醬油一のだし割りにひたしておきます。それを基本に、食卓へ出す時に他の味を加えるようにしています。

和える材料は自分の舌で広げて

加えるものは、かつお節、煎りじゃこ、大根おろし、しらす、切りごま、ねりごま、くるみ粉、アーモンドの粉末、パン粉を香ばしく煎ったものなどで、じゃましない味をそえてくれます。

また、牛肉のそぼろ、魚のそぼろ、白身魚をほぐしたもの、時にはココナッツなぞ、自分の舌で味を広げられましょう。干しあんずの細切りや生玉子、果物類といくらでも楽しめます。油揚げを焼いてきざみ、白味噌にごまやくるみを入れたもので和えるのもよい味です。色をつけたくない時は、白醬油で味つけをします。

うす焼き玉子をラップに包んでくるくる巻いて冷凍しておきましょう。細切りにして下の野菜が見えなくなるぐらいかけますと、ほうれん草や小松菜のおひたしが派手になります。

また、椎茸と油揚げを生醬油につけて焼き、細切りにして、その味で野菜を和え、生豆腐の水切りしたものを加えてかつお節をたっぷりかけます。こんな時は小鉢でなく中丼でたっぷりいただきましょう。

根菜類もゆでておくと便利

菜ものだけでなく、根菜類をいつもゆでておくと便利です。切り方を工夫して、まぜておひたしにします。ごぼうのささがきなぞは、できるだけ細くつくり、生のままよくさらしてかつお節をかけると、とても風味があってよいものです。

トマトやきゅうり、生ハム、肉類を足して、サラダオイルで変化をつけたサラダ風など、それぞれの顔をつくりますのは、毎日の食卓に大切なことです。

何よりも最初のだし割りの味つけが肝心。だしがめんどうでしたら、昆布を水に入れて冷蔵庫に入れておくと重宝です。おひたし用のかつお節も、ひまな時にけずっておくと風味のよいものですから、心がけてみてください。

一箸の漬けもの

漬けものをおそうざいと申しては、差しつかえがあるかもしれません。北国育ちの私にとって、温かいご飯には一箸の漬けものが、なくてはならないものです。

白菜が八百屋の店頭に並ぶころ、そろそろ漬けものの季節がきたと心づもりいたします。しかし、最近は樽に漬ける白菜も、もはや家庭のものでなくなり、ぬかみそを漬ける家庭さえ珍しくなってしまいました。おかずと漬けものとの入りまじったような味の、袋詰の漬けものでも、食卓にのぼる家庭はまだ漬けもの好きといえるでしょう。最近はむしろ生野菜が漬けものをかねてしまったというのが一般の風潮のようで、これは洋食の食卓だけではないようです。

日本の漬けものとは、どんな役割をしてきたのでしょうか。

漬かるということは、非常に微妙な自然の力を借りることで、手間ひまがかかるため、それだけ待つ楽しみを味わううれしさもあったはずです。北国はことに長い冬の季節、漬けものに頼りました。その寒さの助けを受けて、じっくり漬けこむ漬けもの樽を、小屋に順序よく並べておき、お客が来ればお茶うけに、酒の肴にと、その都度重い石を持ち上げて取り出しました。口では大変だ大変だといいながら、おいしいとほめられたくて、秋遅くみぞれの降る頃まで、毎年漬けもの時は手を赤くはらして頑張ったものでした。

漬けものは料理のしめくくり

豪華なお料理の後に、心遣いのしのばれるお漬けものを出されると、いい食事ができたと思いますもの。うなぎ屋もこの頃、奈良漬けのおいしいのを出さないところが多くなってしまいました。うなぎのもたれを、さくさくと汁のしたたるような厚い奈良漬け二切れが、さっぱりととってくれて、とてもいいものでした。うなぎ屋に入れている奈良漬けは甘くなくて、わざわざ買いに行ったこともあります。

京都の梅雨どきに、白梅酢で漬けた菜の花がほんの二房そえてある、そんなお料理の心遣いに出会いますと、とてもうれしいものです。京の漬けものは、地の利を得たまことに深い味わいがあり、すばらしいと思います。また、北国の寒気を逆手に取っての荒い漬け方も、自然の恵みをうけて、漬けものの原点ではないかと思います。

どんなに心をこめ、丹精された漬けものでも、そこには表面に出るものでない宿命があります。常に料理あっての漬けものという、そえものの心得です。ごちそうになります時に、好きだからと先に漬けものに手を出す失礼を、行儀が悪いといましめて……、これは理屈ではない情理なのでしょう。

白菜を一株漬けます

白菜はたくさん漬けるとおいしいのですが、一株を漬けることにします。株のしっかりしたものをもとめ、上の葉を取りのぞき（これはおそうざいに使う）、たて四つ割りにして新聞紙の上に、切り口を下にして半日ぐらい水気を切っておきます。漬けあがった時、根元が手でさけるように包丁を入れておきましょう。塩のまわりが早いので、根元のほうに塩を多めに、葉のほうには軽くふります。

容器に並べて、種を抜いた赤唐辛子の小口切りを散らし、好みで昆布の細切りも散らします。少々重めの重石をして、水が上がってきたら重石を軽くし、後は涼しいところに置き、おいしく長もちさせるようにします。

干し大根の粕味噌漬け

干した大根の思い出はだれにでもありながら、たくあん漬けは個人のものではなくなってしまいました。朝に夕に、たくあんのない日なぞない食生活も、思い出のかなたに消えてしまいました。密閉した鉄筋のマンションでは、たくあんの香りがこもり、樽の置き場もないでしょう。

私はこの数年、干し大根を粕味噌漬けにして、年越しから正月用にしています。干し

手前から「切り干し大根の梅酢漬け」185頁、「蛇腹きゅうり」66頁、
「なすの麹漬け」199頁

大根を塩漬けにしてから、なお半日風干しにし、粕と味噌を半々にしたものに入れて、軽い重石をしておくだけで、一か月以上おいしくいただけます。189頁のお正月準備のところで、干し大根のことはくわしく申し上げましょう。

残りものを入れるぬか床

ぬかみそは冬は休みがちですが、私はずーっと続けています。冬こそ床をおいしくねりあげられると思うからです。

どぶ漬けといわれるゆえんで、いろいろな残りものを入れてはならします。パンくず、酒粕の残り、味噌汁、出しがらなどを入れてぬかとねります。暑いときですと発酵しますが、冬は手入れさえおこたらなければ、おいしい床の準備ができるのです。

手づくりの柴漬け

柴漬けも手製の方が着色もなく安心ですし、酢のあんばいも調節できます。塩漬けしたきゅうり、なす、みょうが、豆、しょうがなどを塩出しして、しっかり絞り、梅酢を入れて軽い重石をするだけで、味も上々です。また、とろろ昆布をみりん醤油に入れて、大根、なすを切って半日干したものを漬けて即席漬けにします。干すのは水気をなくし、長もちさせるためです。

切り干し大根に熱湯をかけて、固く絞りきり、切り昆布をまぜ、砂糖を加えた梅酢に漬けても、赤くておいしいつけあわせになります（写真183頁参照）。また、同じ切り干しを、あみ、いか、うるか、鰊の切り込みなどでつくった塩辛の上ずみ、いわゆる残りの汁で漬けると、おいしい肴になります。

切り干し大根は、春と秋とで扱いを変える方がよいと思います。早春の切り干しは白く甘い香りのするもので、洗いすぎて甘さと歯ざわりをこわさぬようさらりと洗い、わかめなぞと酢のものにします。古くなったものは色も赤茶けてきますので、水でもみ洗いしたり、早くふくらますために熱湯で洗ったりして、油揚げを入れていため煮するなど工夫しましょう。

私流ピクルス

ピクルスというものはまことに便利ですが、その酢の強さが気になり、自分流で魚や肉の前盛りやそえものに甘酢漬けをつくっております。

大根、人参をかつらむきにして甘酢につけておき、使う時きゅうりを芯にして美しく巻いたり、かつらむきをせん切りにしてそえたりいたします。切り方でどのようにもなるので、平凡なつけあわせですが、色どりがよくて助かります。

甘酢は酢大さじ三杯、砂糖大さじ一杯、だしか水大さじ一杯、塩少々です。蓮根なぞも漬けておくと便利です。

唐辛子粉、ねり辛子、梅干し、ゆかり粉、大葉、または、レモン、ゆずなども、漬けものを食卓に出す時に香りと味をそえる大切な脇役です。

季節ごとの台所

正月を迎える心仕度

秋風とともに葉が色づきはじめるあの気配は、自然の動きに身をまかせられる良い季節です。それなのに、いつの年もゆっくりと自然の中での行楽など、思いもおよびません。上野の山の片すみに住んでいるありがたさで、とぎれとぎれの小さい範囲でも、目に見えないようなかすかな自然の移り変わりと暮らせるのは幸せです。

師走近くなると風も出て落葉ふぶきが到来して、来る日も来る日も落葉かきのしんどい日がつづきます。これも秋とのつきあいだと思いながら、いつ果てるかと思うほど降りしきる落葉も、ある日ハタと止む時から、冬への実感が深まってゆきます。それはたいてい十二月の十日前後になっていて、自然のきびしさ、やさしさを裸木を見上げながら、いつの年もああ、行く年を思いました。

干し大根はすばらしい冬野菜

地方暮らしならともかく都会暮らしでは、冬の漬けものとなるといつも当惑してきました。昔の暮らしの習慣が、今でも頭をもたげてくるのですが、漬けものは今では生活の中で重要なものでなくなりました。だれもが望んでいるわけではなく、あってもなくてもいいものなのに、すっきり切り捨てられないのです。

表面に出ないもの、てんで目をかけてもらえないものに、人知れずはげむくせが抜けないのです。都会では干し大根もうっかりすると買い損ないます。今年は三把ほど買いました。家族の多い時は、たくあんを漬けることが仕事でしたが、今は甘くおいしくと、保存なぞ二の次のことになりました。

とろろ昆布漬け　一把の半分は正月前に食べるようにします。大根はさっと洗い、蛇腹切りにして、とろろ昆布、みりん、醬油、タカノツメを入れて漬けます。一週間もたてばおいしくなります。長くもたせたい時は包丁を入れずに大切りにしますと、正月中はもち、皆さんに喜ばれます。というより、「おいしいのよ、おいしいでしょ」と私がすすめることが多いのですが。そうでも申しませんと、漬けものはみんな見過ごしてしまうのです。

麴漬け　あと半分は、同じように切って軽く二日くらい塩をして、種を抜いたタカノツメを入れて漬けます。麴は手でもみほぐし、熱湯でしめらせたものを軽く保温し、ねっとりと甘味の出たところで、大根漬けにまぜて、重石をし冷所へ置きますと、正月中ももちます。

粕味噌漬け　二把残った大根は、一把分は粕味噌漬けにするために、大きなまま塩漬けにしておきます。つくり方は182頁をごらんください。奈良漬けの空樽でもあれば、そこに奈良漬けの粕など再利用して漬けます。

軽い重石はいつもします。重石をしませんと大根の水がたまって、味が悪くなるからです。

身欠き鰊と野菜漬け　もう一把の大根は三分の一を切って、よく洗った身欠き鰊のそぎ切りを少々と、キャベツや色どりに人参の細切りをまぜ、塩をして漬けます。漬けあがる頃、味をみて辛いようでしたら麹をまぜて甘くします。

大根ずし　残りの三分の一は太くて良いところを残しておきます。金沢のかぶら漬けをまねて大根に深く切れ目を入れたところにひと塩の鮭を入れます。すしの押し枠に笹の葉を敷き、軽く塩をし、その上にまばらに少々酒粕をちぎってのせ、その上に大根を並べます。この順序でくり返し、最後に笹の葉をかぶせてふたをして、重い重石をします。下には水が出てもいいように、ビニールの上に五、六枚の新聞紙をのせ、その上に押し枠をのせます。新聞紙を毎日取り替え、水が出なくなると食べ頃です。

煎り煮　残りの三分の一把は大根をうす切りにして、水でよく洗って絞り、油煎りしてかつお節の粉を入れ、酒と醬油で煮あげます。これはたくさん食べるのではなく、うす切り大根の二、三枚をもっと欲しいと思うくらい少なめにして、良い小皿に盛ります。

干し葉と揚げの煮もの　大根と一緒に漬けた干し葉は、塩出しして熱湯を通してきざみ、油揚げと一緒にことこと気長に煮て唐辛子粉をふります。いろり端の酒の肴でもありました。

かゆの汁　正月の煮しめや膾をつくった後、野菜の半端なものを全部使ってつくります。大根、人参、ごぼう、ふき、油揚げ、山菜の塩漬け、豆などくずれにくい野菜を小さくさいの目に切って入れ、昆布をこがしてだしに入れた素朴な野菜汁です。どこの家でもたくさんつくり、大きなかめに入れて冷所に置き、煮もの代わりや餅にかけたりします。正月中、女たちの手を少しは汚さぬために、暮れにきざみにきざんだ汁ものです。

母を思い出す鮭の飯ずし

漬けものの延長に、飯《いい》ずしがあります。先の大根ずしに少々手をこませたものです。私の母は飯ずしが上手で、よく親類や知人に頼まれてつくっておりました。それを見て育ったはずなのに、本当は何も見ていなかったのです。何のこつも、何の注意も受けたことはございませんでした。すしには重石が十分であること、食べだした後も味を損なわずもちつづけること、その心遣いにつきるようでした。

今は生活環境が変わってしまい、風通しの良い家なぞめったにありません。暖房のある家では、自然の力を借りる漬けものはとても無理でしょう。

自然に発酵する味が飯ずしの妙味なのですが、この頃はその変化した味を嫌うようで、即席のような味ののらないものの方が受けています。いっさい酢など使わないと一か月もかかりますので、鮭をうすく切り、酢洗いしますと、一週間ぐらいでできあがります。

片身の半分のひと塩鮭は、腹身骨を取り去り、七センチ幅に切ったものを横にして、八ミリの厚さにそぎ切りします。切り身をさーっと酢で洗い、ざるに上げておきます。野菜は人参、かぶ、たけのこ、または海草などいずれも好みでうす切りにして、しょうがのせん切りとともに鮭を洗った酢に五分ぐらいつけて、酢を切っておきます。酢カップ二分の一杯に砂糖小さじ二杯、塩小さじ一杯を合わせて、ひと煮たちさせ合わせ酢をつくります。炊きあがったご飯カップ三杯にまんべんなくうち、麹カップ一杯を手でもみ入れてふたをして自然に冷ましますと、麹がほどよくまざり、いい香りがします。

四角なすしの押し枠に笹の葉を敷き、すし飯の四分の一を置き、その上に野菜を散らし、鮭の切り身を重ならないように並べます。この順序をくり返して三段の層にし、最後に笹の葉をかぶせ、ふたをします。水分を吸い取らせるために、ビニールの上に新聞紙を厚く敷き、すし枠を置きます。水が出なくなればよいのです。正月中いただけるよう用意したもので、時には、その鮭も焼いたり、帆立貝の貝殻を鍋がわりにする貝焼き鍋にしたりしました。

子持ち鮭一匹まるごと料理

鮭に子の入ったものを正月用に一匹手に入れます。まず三枚におろし、身の方は塩をしておき、腹子は形をくずさぬまま手の入るくらいの温度のお湯にさーっとくぐらせましょう。表面の膜が白くめくれ、まな板にのせてその膜をはぎとりますと、簡単にイクラになります。

イクラの白醤油漬け　イクラの半分を色よくあげたいので、白醤油につけます。残り半分は塩少々を入れた熱湯で二、三分ゆで、半熟程度（ちょうちんのよう）の半ゆでにしておき、正月中の煮もの、膾《なます》、雑煮、あえものなぞに使います。

氷頭膾　鮭の頭の氷頭《ひず》は生でしたら塩をして、二、三日おいてからうす切りにし、しょうが酢につけ、一日おきます。大根膾に入れ、イクラを散らします。膾はいってみれば和風のサラダなので、たっぷりつくっておき、食べすぎ、胃のもたれる時にそなえています。多くつくって味の落ちたような時には、油揚げを加えたり鱈の子や鱈の身なぞ入れて、煮膾に。形と味に変化をつけて食べきりましょう。

鮭のワイン風味　鮭の身は塩をするのは片身で、残りの片身の半分は塩とワインをかけて冷凍しておきます。ルイベのように半冷凍の時にうす切りにしますが、これはこのまま焼いてもフライにしても、大変重宝します。

昔風玉子のカステラ焼きは具をいっぱい入れて

玉子は便利なもの。昔のように高級扱いされず、日常に一番安価に扱われているだけに、正月は趣きを変えることが肝心です。正月用は日もちが大事なので、昔風のカステラ焼きにして、その年の気分で中身を変えます。かに缶、蒸しうに缶、ひき肉、白身魚、三つ葉、グリーンピース、椎茸など好みで入れます。

玉子十個を用意します。七個の玉子に、今年は蒸しうに一缶と椎茸とグリーンピースを入れました。軽い味つけにして半熟くらいに煎って、ねっとりさせます。後の三個に少々の砂糖と塩、酒大さじ一杯くらい入れておき、まぜます。玉子焼き器または焼き型なりにセロハンを敷き、その中に流し入れて天火で焼きます。

毎年のことでも、気のゆるむ時は玉子焼き一つでもうまくいかないことがあります。正月料理というものは数が多いと、この年になっても気の許せない準備が必要で、気の張るものです。

正月を快適にする工夫

さらし木綿をたくさん用意して　正月には、ふきんの中にさらし木綿をぜひ加えたいものです。保存のために冷蔵庫に魚や肉を入れる時、ラップで直接包むのは安全のようですが、ものが呼吸できないように思われるのです。よく洗った薄手のさらしで包んでからラップで包み、冷蔵庫に入れると味がとばず、よけいなものをさらしが吸い取ってくれるように思えるのは、私だけの感じでしょうか。また、蒸しものでも一枚さらしをかけるだけで、何やら安全のような気がするのも理屈でない、私の好みですが。

ふきんは新旧交替　ふきんは新しく替える時でも、必ず熱湯の中に入れ、のりを取り去ることです。古いふきんは二枚にして糸をわたして、ご苦労さんといって雑きんに下げましょう。

お客さまにおしぼりを　訪れる方の多い時です。おしぼりは多めに、あまり上等の厚手のものより、洗いよく絞りよいものが楽です。お茶、お菓子、果物類は無用な場合もありますが、用意しておきましょう。

大きめの蒸し器をかけておく　また食べものを温め直すには、蒸すことです。煮直したり焼き直すと、形も味もしぼむようです。正月用のものは味もしっかりつけておりますので、蒸した方が無難かと思います。大きめの蒸し器を一つ火にかけておくと、おしぼりから始まり、何かと便利なものです。

買いこみは控えること　僻地に住んでいる人は別として、この頃は三日もたてば店も開きますので、あまり買いこまないことです。足りないのも困りますが、工夫の生まれるのは不足がちの時ですので、一応のところで買いこみは控えたいものです。

野菜には水をかけないように　野菜に水をかけるのが、新鮮さをたもつ秘けつと思っていらっしゃる方が意外に多いようです。私もそう思っておりましたが、水がついている野菜は腐りが早いと思うようになり、むしろ、水を吸い取ってから保存しています。

　水の中でみずみずしく見えながら腐っていることが多く、むしろ水を吸い取らせ、少々干し菜のようになっている方が、水で洗ってみるといたみが少なく生き返るように思えます。私はどんな少しの三つ葉でもせりでも、新聞紙にくるくる巻いて保存します。ほうれん草、小松菜、青梗菜《チンゲンサイ》しかり。

　旅に出るとよく笹の葉を持ち帰ることがあります。新聞紙を片面ぬらして、ぬれていない乾いた方に笹の葉をおいて包みます。笹も外皮だけぬらしておきます。それをビニール袋に入れて持ってまいります。笹は冷凍がよいと聞きますが、その時でも、直接水につかないようにしています。

濃いだし汁をたっぷりとって　何よりも濃いだし汁をたっぷり用意しておきましょう。その都度うすめて吸いものにお茶漬けに、茶碗蒸しなどになるよう。魚そうめん、うずら玉子、生花麩、三つ葉、柚子なども用意しましょう。

蒸した里芋をごま塩で　里芋の小芋は泥を洗って乾かしておき、お出しする時に蒸します。つるりと皮をむいて二つ三つごま塩をふってすすめますと、お酒を飲むおなかが安定します。

日本酒は冷酒の方が助かります　日本酒ですとおかんする手間暇がかかりますから、冷酒の方がよいのではないでしょうか。食前酒といって甘いお酒やウイスキー、ワインなぞも飲みたい正月です。

鯛の刺身の昆布包みをふんぱつ　何といっても毎日の正月料理には、うんざりするものです。煮ものの焼きものの味にも限度を感じます時、鯛やひらめをさくのまま昆布で包んでおいたものが重宝です。下手な包丁でも切れますので、きゅうりか大根のけんをそえて本物のわさびをふんぱつしておくと、ホッとするごちそうになります。

もうごちそうは入らないという時に、さらりといただくお茶漬けは一つのしめくくり……。私は毎年、奈良東大寺の前にある森奈良漬店のひょうたんの奈良漬けを、取り寄せております。自分の漬けものに、ひょうたんを一つそえてやると正月らしいよい景色で、もらって帰るという人も出て、一つの習慣にしております。

女正月に炊く小豆がゆ

年が明けて十五日の女正月には、小豆がゆを炊きます。丹波の小豆を使うのもうれしく、少々の砂糖と塩を入れて米から炊きあげ、粒の大きいキラキラする小豆の姿は、ぜいたくをしている気持ちです。

秋に小なすを色よく塩漬けにしておき、年の暮れにたっぷりの麴床で漬けておくと、なすの塩気が抜け、甘味がつき、とてもおいしくなります（写真183頁参照）。一富士、二鷹、三なすびといわれますが、この小なすの麴漬けはうっかりすると忘れていて、女正月に寂しい思いをします。小豆がゆに色よい小なすの麴漬けはとてもさわやかなもの。京都の錦戸《にしきど》の山椒昆布もこのかゆにはおいしく、毎年まるで自分の祝いのように思われています。

生活の中で大きな望みをもつのではなく、自然のままに、小さな祝日を逃さず暮すのが分相応に思えています。これを書きながら、ふとつけたテレビで「変えよう暮し若者市民運動」という番組を放送していました。

粉飾や飽食にはだまされない、素朴な人間性をめざした活発な討論に聞きいりました。老いも若きも、形と表現が違うだけで、求める心は同じなのです。接点を見つける努力の足りなさゆえに、空論に終わることが多いのですが、はっきりもののいえる若者たちを頼もしく思いました。

年寄りは過ぎし日にこだわりすぎ、現在を嘆きたがるものの、所せん同じことをふり返っているのです。一時間足らずの短い番組で、むだのない若い人たちの座談は楽しくて、つい筆を忘れて聞きほれてしまいました。

二月は乾物の月

冷凍技術の進歩で、乾物の効用など言《こと》あげしても実感のないものになりました。自然乾燥はこの頃めったに見られなくなり、これからは家庭の中で主婦が疑問をもち、それを実行するにとどまることになりましょう。

昔は乾物を入れる缶がどこの家にもあり、今のように毎日買い物はしませんでした。ご用聞きが回ってきて、帰ってしまった後、ああ、あれを頼むのを忘れたと気がつくのは毎度のこと。いつも助けてくれたのは乾物類でした。時々缶を出して虫干しをし、また、足りないものを補給しておいたのです。

二月は乾物の月と、だれから教えられたわけでもないのですが知っていました。冬のものも終わり、春のものもまだ出回らず、何もかも不足する時の知恵です。

芋がらを煮たり、去年の切り干しも色が変わるくらい古くなったものなど、ごしごし洗って、ひじきや節分の豆を入れて煮ました。煮豆のところでも申しましたが、豆類は古いのと新しいのをまぜずに古いものから使い、量が少ない時は根菜類とまぜて煮るとかしました。乾物はよく洗って米のとぎ汁につけておけばそれでこと足りますのに、忘れられつつあるのは、一晩もという心遣いが落ち着かないせいでしょうか。

世の中の仕組みがあまり親切になって、頭も手も使わずに、できあがったおいしさを買える時代になりました。それがどんな方法で味つけされたかも、考えることさえ愚かだと思われるこの頃です。干もののように自分の存在を言あげもせず、いつもじっと待っている風情など、いとおしいではありませんか。

椎茸も生のものは、一時間くらい日光にさらしてから焼いて食べると、生でもなく干ものでもないおいしさです。太陽が味を加えてくれたことがよくわかり、朝の食事のよいつけ合せになります。

干し椎茸は、生椎茸にないよい味なのは不思議です。よく洗ってもどした椎茸と、塩もみしてもどした干ぴょうを甘辛く煮たものは、母親が運動会の時につくってくれた海苔巻きを思い出させます。そのもどし汁は、精進料理では昆布だし汁を加えて、上品なおすましにした由。精進とは読んで字のごとく、それほど素朴な出発だったのでしょう。

高野豆腐は、この頃もどす時間もかからず、かんたんに煮られるものが出回っています。若い人たちが利用しないのは、あのスポンジのような肌あいがいけないのでしょうか。もどした高野豆腐を両手のひらではさみ、十分に水切りしてバター焼きしますと、変わった味になり、肉のつけ合せによいものです。

和風ばかりにこだわらず、いつも手もとにある乾物を利用したいもの。

ひじきは、この頃お値段が張ってびっくりしています。それだけ利用価値が多いためかと思います。ひじきと油揚げなぞと決めつけず、サラダ、袋煮、炊きこみご飯や和えものと広く利用できます。よくおいなりさんにも入っていました。

私の好きなものに、お麩があります。車麩、銭麩、すだれ麩、花麩、まんじゅう麩なぞ数々ございます。車麩や銭麩は、まず熱湯をかけて粉っぽい味を取り去り、うす味のよいだしでゆっくり煮ます。汁を吸いこんで、汁がこぼれないくらいのものを、くるみ和え、ごま和えにしてみましょう。また、玉子とじにいれてもよい味で、お年寄りだけでなしに胃のもたれる時の一品になります。

雛まつりと鰊のおすし

北国の春は遅く、雪が消えても花には遠く、ひと月は遅れます。雛まつりがきても、残雪のなごりのぬかるみで、せっかくの晴れ着を汚さないように、裾をからげて雛座敷を回り歩かねばなりませんでした。

私の母は人形好きだったせいか、どこの家よりもたびたび雛を飾ってくれ、雛の客も喜んで迎えておりました。襖《ふすま》を取り払って広々とした大部屋になるだけでもうれしいものでした。床の間に所せましと飾るのは雛だけでなく、ふだん遊んでいるはげちょろけの人形なぞも居ずまいをただして並んでいます。どの人形も飾ってあげる母流の優しさが、子供心にもうれしく感じられました。

雛まつりは、天下御免で誰でも訪れる人を招き入れるのです。いつもはいじめっ子でいばっている子でも、その日ばかりは神妙にしているのも、お雛さまの功徳のようでした。

三姉妹の末っ子だった私は、お下がりで花模様のちりめんの袷が、節句の晴れ着でした。親類のおばさんに、「お前さんは江戸絵っ子だね」といわれ、錦絵の美人画を思いえがき、ほめられたといい機嫌でいたものです。後で知ったのは、いつも同じ着物を着ているからということなのでした。

鰊《にしん》漁の春だけに、鮮度のよい鰊と数の子の酢じめと煎り卵をどっさり入れ、紅しょうがを散らしたおすしが大皿にもりこまれ、それが雛のおすしでした。大人にはお膳も出ていましたが、子供たちのおすしは朱の皿にもられ、甘酒がふるまわれました。自家製の大豆入りのひなあられがおみやげでした。

たぶん母たちはずーっと前から準備に忙しかったことでしょう。なにせ「お雛拝見お菓子ちょうだい」というあいさつで訪ねてくる人々に、おみやげはつきものなのでした。

私が嫁ぐ時、母は古い市松人形にも着替えや寝具を揃えてくれ、人形ダンスも持たせる凝りようでした。私もそれが身について、明日もわからない戦時中でさえ、暗幕を張り金びょうぶをめぐらして家中の人形を飾り、知人を招いて代用食のごちそうを朱塗りの膳でふるまいました。それがこうじて、とうとう人形づくりになりました。

三人姉妹をもつ母はいろいろと物いりが多く、苦労があったようです。雛まつりという世話のやける行事をよくやりましたのは、娘が多かったせいもありましょう。その頃の女の子は、遊ぶといっても千代紙の姉さま人形をつくるぐらいでした。節句近くになると、手工芸用のボール紙に千代紙をはってお重をつくりました。黒い和紙を海苔に見たてて、その上にわたをご飯として敷いて、糸をまとめてかんぴょうのように入れてくるりと巻き、海苔巻きだといって切ります。わたの表面をうすいのりで固めて色づけし、黄色の紙で巻いて玉子焼きなぞもつくり、それをつくったお重に入れて飾りました。

白く光る小さいいんげん豆に楊枝をさして、それを頭にし、千代紙を着せた人形をつくってほめられ、それが私の人形づくりの始まりだったと思います。どういうわけか、そんな時姉たちの記憶がなく、年齢の差があったとは思いますが、いつもあれこれと母がかかわっていました。姉たちが嫁ぎ、最後に残った末っ子の私が、母の大切にしていた古い立ち雛も当然のようにもらいました。

この春ようやくできあがった小さな小さな雛人形

人形と食べもの好きという相性が母と私にあったようで、雛まつりが私の年中行事となったのも、そんなかかわりからだと思います。どんなに忙しい時でも、二月中旬頃から雛まつりのことが気になりだして、本当によく飾ったものでした。五十代の忙しい真っ最中には、家に飾るだけでなく、店にも飾り、雛にとっぷり浸っての一週間でした。その頃喜んでくれた友だちも今は亡く、遺された句を出してみてはなつかしく思う七十路です。

雛の献立は、節句の頃に味ののる鱒《ます》のつけ焼きに蛤《はまぐり》の吸いもの、たけのこもまだ若く、木の芽和えにします。

食べられる雛もつくりました。のびるがやっと玉になったところを頭にして、味噌をつけて髪にし、大根、人参のかつらむきの酢漬けを重ねて着せ、かまぼこのびょうぶの前に座らせるとさまになりました。客は食べるのがかわいそうと、持って帰ったものです。

甘酒をりんごジュースで割った白酒や、鶴屋八幡に注文して桃の菓子（王母《おうぼ》）をつくってもらい、抹茶の一服もはなやぎました。ああしんどと申しつつ、いつも今年限りかなと、終わった頃は思うのです。疲れながらもこりずにくり返してまいりましたが、さすが七十路に足を踏み入れて、まことにきついと思うこの頃です。

人生明るい春ばかりでなく、雛を飾るゆとりのない哀しい生活がつづいた時には、せめて箱だけ出して、その上に桃の花を飾るという寂しい年もありました。今は子供たちもそれぞれ独立し、私一人になっても飾ります。

日暮れの雛座敷にぺたりと座って、ろうそくのゆらめきにただよう雛のお顔をながめている、このやすらぎは、女に生まれた哀しみと喜びなのかもしれません。年齢にかかわりない女のロマンでしょうか。

五月の節句につくる黒砂糖の笹餅

五月という月は、日本中どこの土地でも一年中で一番さわやかです。ことに新芽が吹き出す、北の五月は格別なもの。旧暦の土地柄でも、初節句の家はいち早く真新しい鯉のぼりがひるがえり、男子誕生の喜びを空高く風になびかせていました。

私の実家では、兄の鯉のぼりも古くなり、風車もこわれたままで、風のない日は大きいため飛べずにだらりと下がったままでした。男衆が来て杭を打ち、長いタル木を立てて、鯉のぼりをしつらえてくれました。帰りしなには茶碗酒をふるまわれて、機嫌よく帰る姿を見送るのもいい気持ちでした。

よもぎも芽出しをしていたのでしょうが、節句の餅にはあまり使わず、お米の粉に黒砂糖をまぜた餅を、笹の葉で三角に包んで蒸したものが一般の風習でした。節句にたくさんつくって干しておき、学校から帰っては焼いたり蒸したり、それがある間中おやつにしました。

菖蒲《しょうぶ》の一種独特な香りは季節を呼び、軒にさしたり、束ねて風呂に入れてふざけあったりしたものです。家では金時豆の甘く煮たのを入れた豆ご飯、兄のお膳には尾頭つきがついていました。

五月のさわやかさが終わると、六月は衣更えの時、まだ少々肌寒いのに、障子をすだれ障子に替えて、いろりをしめて、セルの着物を着ました。梅雨入りはしても、単衣《ひとえ》になり気軽になる、夏へのはざまの月です。寒い土地は夏に憧れているものですから、そのためにせっせと季節を呼ぶようなところがあるのでしょう。

衣更えという季語も、季語だけで終わるこの頃、私のように心まで改まると思う人も、もういないのでしょう。昔は、今のようにとっかえひっかえ着がえはしないもので、それだけ衣更えにはいろいろな意味があり、心までさわやかになったものです。いつまでも衣更えしない人は、うす汚れた感じがしていました。

春は身軽に、秋は少々着ぶくれる。別にそれでなきゃあという決まりがあるわけでもないのに、春は空の色、紺や藍を、秋は紅葉や落ち葉、枯れ野の暖色をと、それが生活の色のような気がします。一年中、冷暖房のゆきとどいております現在は、目新しい流行のみに支えられているようです。もっと自然の色にも心をつかい、自然の恵みの中で生きることを大切にしていきたいものです。

ねぶた祭りとにぎり飯

盆と正月は地獄のかまもお休みといわれた頃、その喜びは何にたとえたらいいのでしょうか。

北国の夏は短く、つかの間の暑さの中で遊びほうけられるのは、お盆前のねぶた祭りでした。秋田の竿灯祭り、仙台の七夕祭り、青森のねぶた祭りは東北の三大祭りとなり、最近ではだれでも知っているお祭りになりました。

みちのくの果てのこんな派手な祭りには、それなりの理由があります。凶作につぐ凶作、半年にもなる雪ごもり、口下手な人間性、じっと耐えたもろもろのことを思い切って吐き出すように、つかの間の夏に踊り狂うのでしょう。民謡の宝庫のようにいわれていますが、何かの集まりには必ず唄って飲むのです。唄に託して吐露する気持ちが、文句の中に表われております。ふだんは無口で、あいその悪い人たちが、大太鼓をたたき、笛をふき、唄い、踊り、はねての一週間に力が入るのです。

遠くのいとこ、はとこの子供たちが泊まりに来て、ねぶたのでき上がる間ももどかしく、ねぶた小屋を回りあるいて、骨組みから紙張り、色どりを、胸おどらせて見てあきました。魚問屋だった生家では、その春の鰊が大漁の時は景気にのって、小さくとも個人のねぶたをつくり、屈強な若者にかつがせて参加しました。現在のように大きく盛大なものでなく、自分たちの喜びの発露のようなものでした。あかりは、中の骨組みに渡した板に釘を打っておき、大中のろうそくをともすのです。ねぶたの顔も真ん中だけが明るく、手なぞ細部にはあかりがとどかず、曲がり角の暗闇からぬっと出てくれば、ぎょっとするようなすごみがあり、それがかつぎ手を勇ましくしていました。

何より若い衆の跳徒《はねと》と申す踊り手の衣装が大変です。揃いの浴衣なぞつくったのはずーっと後のことで、その頃は女子衆《おなごしゆう》の長じゅばんが借り出されました。それを着て鼻すじに白粉を塗り、豆絞りの手拭、花笠、カガシコと申す、たたくと太鼓になり酒をふるまわれれば杯にもなるブリキ製のものを、腰に下げてのいでたちです。第一日目はまだねぶたも真新しく元気もよく、家の前から中学に入った頃の兄を先頭にして出発の時には、祖母も母もたすきを外して奥から見送りに出て、涙ぐんでいたものでした。思い出すたびに泣けてくる良い風景でした。

人の出入りが数えきれず、お勝手では、ご飯炊きは炊き通し、にぎり方はにぎり通し、塩鮭、梅干し、たくあんぐらいのお菜ですが、それも数日で底をつき、にぎり飯にたくあんだけになっても、それでもおいしくておいしくて……。浜風に吹かれながら、手づかみで食べたあの味は忘れられないのです。

ねぶたを出す年は、物入りが多すぎ大変だと申しながら、出せる年であることを喜んで、働いていた女子衆でした。魚問屋には広いタタキがあり、そこへ四斗樽《しとだる》を据えておき、回ってくる跳徒がカガシコに酒をくんでは踊るのですから、たまったものではありません。朝、酒樽を出す時、あんなに水を入れるのかと思うぐらいの水割りの酒でしたが。

踊り疲れた者たちが家にたどりつく頃は歩けないほどで、寝所に入るのもやっとのこと、翌日は身動きもできず、何も食べずにぶったおれているのです。それなのに、夕方そこかしこから笛や太鼓の音が聞こえてくると、たたない腰がしゃんとなって、顔を洗い鼻に白粉を塗って出てゆく祭りの不思議さ。

祭りの終わり頃は、ねぶたも片腕がなくなったり、焼けたところに白い紙を張ったままだったり、くたびれが目立ちます。そんな中でも、いつも水の入ったバケツと長いしゅろぼうきを持ち、いざ鎌倉の火消人がついて歩くほどよく焼けました。

そのねぶた祭りが終わって気のぬけた静けさは、子供心にとてもさびしいものでした。

すずきの洗いがお盆のごちそう

ねぶたが終わって休む間もなく、旧暦のお盆は八月の末で、その頃になると秋の気配が忍びよっていました。早く未亡人となった母は、仏事には気を入れて、仏具をみがき出すのも早々のことでした。

何よりもお中元のしきたりがあり、三輪そうめんを大きな木箱で取り寄せ、各家々とのつきあいによって贈る量を決めます。白い紙に包んでお盆にのせ、その上に、魚の尾を板に張って干したものをのしとしてのせ、はすの花を染めた白ちりめんのふくさをかけて、せっせと届けました。

母は山里から嫁いできたのと、未亡人ということで、仏に近い感覚を持っていたのか、魚より精進料理を好み、煮しめは母の独壇場でした。魚になれた舌には、煮しめの淡白な味わいがわからず、なつかしいというようになるには年数がかかりました。

そび、あいなめ、ふくらげ（子っこ）、すずき、帆立、ほやなど海の幸が目の前にどっさりあり、それが毎日の食卓に並びました。

すずきの洗いを母は得意とし、氷の上にガラスのすだれをのせ、きゅうりやみょうがの細切りにすずきのちぢれた清々しさをみても、食べたいとも思わずに暮らしておりました。東京へ来て、すずきの高級さにはたまげたものです。すずきのあらは、また捨てがたい味で、潮汁というよりも雑把汁《ざつぱじる》というべきでしょうか。大きな鍋に大切りのねぎとともに煮て、だれかれとなく大きなお椀でふるまっていたところをみると、あの頃でも、すずきは庶民の味ではなかったのかもしれません。

また、その汁の熱あつをご飯にかけて、梅干しをのせて食べました。東京へ出てきて、お茶漬けや汁かけ飯が店で売られているのを見たときも、大変驚きました。

臭い話で恐縮ですが、昔は便所もくみ取り式で、お盆前は必ずお百姓さんが野菜をどっさりおみやげに持って、くみ取りにきてくれました。その時は、だしをとった後干しておいた昆布をいろりにくべますと、香ばしい香りがして、においを消したものでした。くみ終わってから大きなおにぎりを出して食べ、潮汁に舌づつみを打ち、また、秋の実りの頃までと、礼をいって帰って行きました。野菜の返礼に、塩鱒《ます》や塩鰊をおみやげに渡しました。その塩魚も、お盆のお客へのふるまいになると喜んでいたようです。母が野菜好きなことを知ってか、いろいろと母を喜ばせ、庭の花も仏壇にとそえて持ってきてくれたものでした。

天草《てんぐさ》はよく煎じてところてんをつくり、大きなタライにいつも冷やしていました。辛子入りの酢醬油で酒の肴に、また砂糖を入れた黄粉をまぶしておやつになりました。お盆のお客には赤えんどうを煮たものに、白玉と果物の缶詰を入れたみつ豆で、蜜はこってりと昆布だしで煮た黒蜜でした。

私どものお盆用の着物の丈や肩ゆきを直すのは、祖母の役目でした。いつも座敷のはき出し口のところに背を向けて座り、座る前にたっぷり打ち水をしておき、そこを回ってくる小さい風を涼しくしていました。その頃の祖母は、まだ六十を二つ三つ越したばかりの年齢だったはずなのに、もはや荒い立ち居ふるまいもせず老いていました。

扇風機は一台ありましたが、それは客間の飾りもので、魔もののように回り、うなりを上げて風をまき散らす機械でした。

夕方になると外で打ち水をするのが習わしでした。大きなタライの中に水を張って、鉄砲と呼んでいた鉄製の手押しポンプのような水まきをタライに入れ、水を吸いあげて道路に水まきをしていました。

その前後でしたか、電灯のつく前でしたか、夕方近くになると、ランプのほやの中に新聞紙をまるめて入れてみがきました。くもりがなくなると布で拭き、仕上げるのは毎日の仕事でした。その後、電灯がついて文化生活の始まりでしたが、今のようにひねると灯がつくといった便利さはありません。針仕事をしていても手もとが暗くなると、まだ電気が来ないのかとこぼしながら、窓辺のあかりに手をかざして、針に糸を通させられたものでした。

夕飯後は、打ち水をしたところに縁台を出し、うちわであおぎながら夕涼みをしました。洋服のない時代でしたので、よれよれの浴衣を着て外へ出ることはいましめられ、隣近所の人への思惑もあってか、母からのりのきいた浴衣を着るようにいわれました。

秋を味わう

北の国では冬休みが長いので、夏休みはアッという間にたってしまいます。祭り太鼓の音が耳に残っている余韻の中で、学校が始まるつまらなさ、九月は中途半端な月でした。大人たちにはそれどころではなく、一年中で一番忙しい時なのです。二百十日前後が無事に過ぎると九日は重陽《ちょうよう》の菊の節句ですが、やっと食用菊がチラホラ咲きだすぐらいです。

十日過ぎの月見の日はお月様の入りやすい縁側に机を出し、大きな花びんにすすき、おみなえし、しおんの花を活けて並べ、里芋、栗、ぶどう、梨などをどっさり供えます。月見団子を山盛りにしてあるのは、子供たちが垣根をかいくぐっては供えものをおそい歩く習慣だからなのです。おそわれるのを喜んで待っている様子でした。取ったお供えをどこかに集めて月の光で食べるのが楽しみで、今ならさしずめジュースの缶を持ち歩くところでしょうか。

すっかり秋の雲ゆきになって、天高く晴れた日は、虫干し日和です。ふすまを取り払って綱を張りめぐらしては、倉からタンスの引き出しだけ持ち出して、せっせと風を通します。その樟脳《しょうのう》の香に子供たちは鼻をひくひくさせ、紋付きをひっかけてみたり、小さい時の着物を持ち歩いたり、じゃまをして遊びました。

おしゃれな母は、寒い土地では手を通すことのない、麻や紗のうすものが好きで、紋付き類と一緒に毎年風通しをするだけのものでしたが、うす藤色の紗の着物が今も目に残っています。

当時は敬老の日もなく、秋彼岸ともなると肌寒いもので、セルの着物を重ね着したり羽織りも欲しくなりました。コスモスの花はくくられ、萩も散りだし、吾亦紅《われもこう》もまじって彼岸花の赤さは実に見事でした。真っ赤にむれて咲く頃、母に手折ってはいけない花といわれて、好きな花なのに庭に植えることはあきらめ、野の花として見すごしていました。

暑さ寒さも彼岸までのことわざ通り、お彼岸頃にはひとしお秋風も冷えてきます。小豆を煮て彼岸団子やお萩をつくり、正月用ではないけやきのお重に入れて、知り合いの家同士お配りをさせられるのは子供たちの役目で、必ずお駄賃をいただきました。

もはや、残暑のなごりもなく、赤とんぼが空をむれて飛び、好天がつづく間に洗った木綿ものを張り板に張ります。のりの固いのや縫いづらいものは、夜なべにきぬたでたたきますと、木綿がやさしい光沢を出してしんなりする手触りが好きでした。

この次の日曜日は晴れてくれればと願をかけますのは、大掃除をするのに男手が欲しいためです。春と秋の大掃除は検査人が回ってきて、なまけるわけにはいかない行事でした。畳を根曲がり竹の棒でパタパタたたいてほこりを出し、縁の下に風を通し、日のかげりとともに新しい新聞紙を床下に敷いて畳を入れます。その後は、家中日向のにおいがして、それは気持ちのよいものでした。

十月ともなればもはや秋たけなわ。九月の満月には実りのついてゆかない北国でも、豆や芋がよく実り、空は高く澄み、小さくなったとはいえ、十月の満月は重ね着をしながら眺めたように思い出します。

干し柿のすだれの美しさは、柿の産地、山形の風物です。それほどでないとしても、少しの渋柿でも皮をむき軒に下げますのは、柿もさることながら、干すと甘味が増す柿の皮を、白菜漬けや大根にまぜて甘味をつけるためでした。

柿の出るころは、茸とともに白和えにして、仏事には欠かせないごちそうになりました。育ちざかりの子供たちにはなんとも物足りない食べものでしたが、今でしたら白和えよりもクリーム煮とかクリーム和えとでもなりましょうか。

渋柿でも豆柿は早めに竹ざおで落として樽に入れて腐らせ、渋を取るのも一つの手順でした。残った渋柿は、霜が下り初雪の降る頃までの木守り柿にし、鳥のえさに残しておきます。それでも残ったのはまっ黒にやわらかくなり、渋が抜けてとてもおいしくなります。小さく枝をつけて取りこんで、年越しの口取りにつけ、あの渋い柿が自然の風雪でこんなに甘くなったのかと喜んだものです。

毎年、秋に京都の知人から、柚子を添えた松茸が、目の荒い籠一杯送られてくるのです。はるばる送られてくる松茸は、大切にその香りと味わいをいただきます。その後に残ったふたつきの籠も風雅なので、冬越しの夜なべ仕事に和紙の反古《ほご》を張って、渋柿が熟してできた渋の汁を塗ります。時にはもみじの葉なぞはさみ入れたりして。とても臭い香りに鼻をつまみながらも、何回も塗り重ねます。編みものの毛糸玉を入れたり、小物入れにしました。

また、小包用の紙やお稽古に持ち歩く紙なぞに、名入れをして渋を塗りました。白木でできたものも汚れがつきやすいので、渋を塗っておくと丈夫でもちがいいものです。生活の知恵とは申せ、捨てるもののない生活は、すべての残りものを土に返す暮らしといえましょう。

子供たちの運動会も中頃までにはあり、それは一つの社交場でもありました。数日前からこころ仕度して、お重詰とゴザまで用意します。おいなりさんや海苔巻き、玉子焼きなぞ普段のあこがれのものが詰まっている重箱を囲んで、母たちにはよい気晴らしの一日のようでした。

運動会が終わった頃、親類の茸取りの名人から、茸がどっさり届けられます。今夜は茸汁だというと、大鍋で必ず大根おろしをたっぷり入れるので、手伝わされました。塩水につけて洗うと、いつも虫が浮いてくるので子供たちがいやがります。母は「虫も茸のうちよ」といいながら、大根が茸の毒消しだと申していました。

霜が降りると菊の花がだめになるとて、菊の花もどっさり届けられました。菊の花には一センチぐらいの茎もつけてあるので、そのまま洗ってざるにのせます。鱈ちりや湯豆腐鍋の時、菊の茎を持って、花をすすぐような、煮るような、そんな風に鍋に入れて醤油で食べ、その風流さが好きでした。忙しい中でも、季節を味わうことが何よりの憩いだったのでしょう。

晩秋のよく晴れた日に、祖母は若い者を手伝わせてわらぶとんをつくりました。その数日前には、今年のわらを木づちでよくたたいて、やわらかくしたものが届けられています。去年のわらを捨て、新しいわらと入れかえたふとんは暖かく、どんな暖房にもまさるものとか。わらぶとんはかさばるので、祖母だけのものでした。そばがらを入れた枕は頭が冷えて安眠できるといい、祖母はパンヤの枕の流行りだした頃でも、枕を変えると悪い夢をみると申していたようでした。

　虫の音がとだえる頃、川に上ってきた初鮭が届き、ああもう暮れかと、身近にせまる実感がわくのです。アンペラの袋に入った塩俵が何俵も積まれると、その上で遊んでは叱られました。

　鮭の腹をさき、塩をしてお歳暮の用意をしながら、もう漬けもの用の大根を干す丸太が組まれて、水の冷たさなぞにひるむ間もなく大根を洗い、干すのでした。

　小屋にはストーブの薪、いろりの炭がつまれていて、炭も切り炭、粉炭なぞ仕訳して、台所の床板を上げて、それぞれ分けて入れるのも仕事でした。母たちの頭の中には暦と計算機が入っている様子。大根は何樽、葉ものはいくら、薪、炭はいくらと、余ってもけっして足りなくならないように、暮れの準備が進むのです。

冬の鍋はおいしいだし汁をたっぷりと

　寒い土地では、いつも暖かい鍋ものを食べているように思われがちですが、私どもの育った頃は、鍋ものをするのは改まった時で、客のある日に特別の材料をそろえて、座敷でするものだったのです。お勝手では、ごった煮と申しますか、実だくさんの鍋がいつも自在かぎに掛かっていて、食べる時に自在かぎを下げて、だしを足しました。煮てはいても鍋ものではなく、汁ものなのです。

冬の鍋と申せば、おでんをよくつくりました。私が子供の頃は、縁日でこんにゃくと牛肉を交互に串にさしたものが汁の中で温まっていて、吹き矢を吹いて何本とか当てて食べたものでした。おでんは関西のものと思っておりましたので、京都に住んだ時にまっ白なハンペンにたまげたものでした。味がついているとは思っても、目になれず、つい醤油をかけたくなって困りました。その後、東京へ住むようになり、関東炊きと申すおでんを食べて、やや安堵いたしました。それなのに関西のおでんには忘れられない味わいがあり、おでんづくりには随分迷った時期がございます。

おでんは煮ものではないと申しますと、「煮ないのですか」とびっくりした言葉が返ってきますが、微妙なところだと思います。おでんを食べて育った経験のないことゆえ、確信のあることはいえないので、私流と申しましょうか。老いも若きも集まって、みんなが囲んで食べるために、おでん屋風というよりも、みんなの好きなものを入れてと考えた鍋です。

鶏の手羽先、えび、ベーコンなど普通のおでん種でないものを入れます。えびは身より殻がよいだしになりますので、むいた殻を塩水で洗ってゆで汁をとります。ベーコンも塩でごしごし洗ってからひとゆでして汁をとり、手羽先もゆでた汁をとります。かつお節と昆布のだし汁に、全部のゆで汁をまぜて酒を入れ、たっぷり用意します。ゆでてある野菜とともに、そのだし汁で全部下煮しておきます。ねり製品もさっとゆでてから下煮してください。

次に大ぶりのおでん鍋に、かつお節と昆布でおいしいだし汁をとり、他のゆで汁を入れ、少々の醤油、みりんを入れます。煮たつ寸前で、汁がポチポチと時に動くぐらいの中に下煮した具を入れ、中まで味がしみるようにします。だしをとられたはずの手羽先もえびもベーコンも、よみがえるようにおいしくなります。

たっぷりの野菜や揚げ、豆腐、大根その他を用意しておくと、クリスマスの洋食の合間にもよく食べてくれます。鍋は食べごろがありますので、だれかが専心してかまってやるのも、おいしくいただくこつで、鍋があればと安心するには心遣いも添えなければなりません。

暮れなぞの忙しい時には、おでんにかぎらず、かんたんにできる鍋料理がありがたいもの。そんな時も、だし汁だけはおいしくとることで、あわただしさを感じさせないものです。準備したものを盛りこみ、みんながそろったらだし汁を熱くして鍋の上からかけて、せっせといただけるようにします。

たとえば石狩鍋は、鮭の切り身を主にして、白菜、つきこんにゃく、豆腐、椎茸、せりを入れ、柚子なぞを散らしておきます。おいしいそばだしの熱あつを入れて、鍋を火にかけますと、平均して早く煮え、だしがおいしくいただけます。鮭の味も逃げず野菜もおいしく食べ終わったら、だし汁を足してご飯を入れ、ねぎをきざみ、玉子をかける雑炊もよい味です。

この鍋を少しごちそう風にするには、ねぶた鍋と名をつけて、明るくさわがしく帆立やイクラ、または鱈の白子なぞ入れてつくります。魚ばなれのこの頃、若い人たちといっしょの時は、167頁でもお話しした酒粕で煮る豚鍋とか、焼酎で煮るベーコン鍋も楽しいもの。焼酎が肉の脂をとってくれ、薬味はもみじおろしにポン酢でいただくと、肉嫌いの私がいくらでもいただける不思議さです。

時には、一人で小さいコンロで煮る豆腐のみぞれ鍋が恋しくなります。鍋に昆布を入れ、煮たったら豆腐を入れるところまでは湯豆腐と同じです。それに粗くおろした大根おろしを入れてポン酢でいただくと、これもおいしい。固くなりかけたチーズを切って入れると、半煮えのチーズもまたよい味です。残った汁にポン酢を加えて、汁をみんな飲むこともあるほど淡白なこのみぞれ汁、一度お試しを。

お茶漬
そばみ汁 五〇〇
漬物盛合せ 三五〇
みそ汁 三五〇
あまだいさくらむし 一〇〇〇
鮭の飯鮨 五〇〇
あまだい塩焼 一〇〇〇
ほたて貝 七〇〇
ばい貝 六五〇
おさしみ 一七〇〇
漬物盛合せ 三五〇
いわし塩焼 五〇〇
もずく 六〇〇

「北畔」の調理場にて

北畔のこと

上野松坂屋に店を出す

人生の岐路に立ち、自分の好みなぞ全部引っ込めて天に任せるよりいたし方のない時、人間非常に謙虚にそして素直になるものです。さまざまなめぐり合せと、自分の至らなさゆえに……。

長いシベリヤの抑留生活から、やっと還ってきた主人を頼ろうとする家族の古いしがらみが、絵描きである彼には耐えられなかったのです。芸術家を大切にしてくれたというモスクワに、もう一度もどりたいとさえ申しました。どんなに孤独でも辛くても自由がほしいと申します。納得がゆかずとも、わかってあげるよりなく、祖先のみたまと三人の子を私がひきうける形で、別れることになりました。なんのあてもあるわけではありませんでしたが、こんな場合も、私はやはり嫁でした。

そんな折りのこと、思いがけず、上野松坂屋のお好み食堂から、素人の私に店を出してくれと声がかかりました。青森県でも応援してくれるとのことで、これからの生活を思いあぐねていた時だけに、全力をもって応えたいと思いました。人形を生活の糧とするのは並大抵でないこともわかっていましたし、大学、高校、中学の三人の子たちを、どのようにひきつれて生きていけばよいのか、途方にくれていた時でした。内職をする母の後ろ姿を見て暮らさせるよりも、大きなおかまで炊いた熱いご飯を、汗を流して食べた方が、おおらかに育つような気がしました。

しかし、お好み食堂というのは、本店があっての出店がふつうなのに、私の場合は何もないのです。本店なし、支店なし、倉庫なし、経験なしと、ないないづくしなので、店長さんも役目柄困ってしまわれたようです。審査の時、書類にたった一つ赤い丸をつけてあったのでのぞいてみましたら、新しい客を呼ぶか？　と書いてありました。

その頃、デパートに店を出させてもらうということは、絶大な信用がなければ不可能でした。どんなに無理をしても入らねばと思うのが普通だったでしょうが、それさえどんな風にすれば良いのか……、ただありのままを申すより、すべを知りませんでした。松坂屋でも他に適任者がなかったのか、大変な譲歩をして、せめて冷蔵庫だけでも持って来てくださいといわれ、出店が決まりました。音楽好きの子供たちのピアノを、冷蔵庫に替えなければならないほど、切迫した生活だったのです。

本店のない出店は今まで前例がないので、なるべく早く本店を持ってください、との条件つきでした。幸い、古い皿、小鉢がたくさんあり、数もそろっていましたし、それを使える喜びもありました。長い間土蔵の中で、人寄せの時だけ日の目を見ていた伊万里の皿なぞ、惜しんでくれる人たちの言葉も耳に入りませんでした。この古い殻をこわしてしまうことで、何か生まれるようなそんな思いもあり、与えられた生活を逆境とは思いませんでした。子供たちも時間の許すかぎり皿を洗いに通って来ました。

ただ、人形をはなれた私を気遣う弟子たちから、「先生、何かお手伝いをさせてください」といわれるのが、うれしくも辛いものでした。また、松坂屋の宣伝部の方たちは、松坂屋の画廊で私の人形展を開いていただいた折りに、自宅まで作品を取りにいらしていましたし、朝日賞をいただいたのも松坂屋展でしたので、毎日のようにご飯を食べに来てくださいました。それがどんなに励ましになりましたことか。

昭和三十四年、私は四十八歳でした。今の四十八歳と違い、そろそろ安住の年頃でしたので、私の新しい出発はもの哀しくもしんどくもありました。それをふんばろうと思えたのは、人形制作での厳しい修業の中で、自分の力より頼れないという、ぎりぎりの覚悟を持っていたためでしょう。

もはや、矢は放たれたこととて、堀先生に、「十年のお暇をください、子供たちが一人前になりますまで」とお願いにまいりました。「貴女に本当の才能があるなら、いずれ帰ってくるだろうし、才がなかったらただのおかみで終わるよ」とおっしゃられ、「北畔《ほくはん》」という店の名前をつけてくださいました。立派な名前をいただいて、私の背骨がしゃんとなったような気がいたしました。

その新しい名に励まされて、のれんをつくろうと思いました。なんとか立派なものをと思うのですが、津軽こぎん刺しでは、三間もの長いものを短期間ではできないとのことでした。南部のひし刺しは、ひし刺し保存の代表者の方が大変熱心で、非常に力を入れて復興しており、刺し手もそろっているけれど、なにせその代表者は人嫌いできびしい方とききました。「食堂ののれんなど刺してくれるかな」と、新聞社でも県の事務所でもみな同じようにいわれたのですが、刺し手がそろっていることが魅力で、八戸まで出かけてまいりました。

怖い人かと思ったのですが、大変もの静かな優しい方でございました。すぐれた書画をかかれる方で、こちらの事情も理解していただき、三間ののれんに看板の文字、マッチの絵、箸袋の文字、包装紙まですべてを引き受けて、開店までに間に合わせてくださいました。その上に、「開店の時、お世話になった方たちに、お礼にあげるように」と、南部の金時の凧絵をいただきました。そして、「代金は一年間待ちましょう、せいぜい資金として活用してください」という応援まで惜しみなくしてくださいました。こののれんは素晴しいもので、名物になりまして、それだけ見にいらっしゃる方もありました。

逆境の時ほど人情の機微がわかるもので、たすきをかけて働いておりますと、さらしものを見るような冷たい視線もまた多いものでした。しかし、少数でも心暖かい理解者に見守られて、また、いつかは帰っていくはずの人形づくりを心の支えとしました。これは本職ではないのだと自分にいいきかせ、ただひたすら労働に精を出しました。

堀先生にどうだと聞かれた時、「人形づくりよりずーっと楽です。疲れても寝ればなおる疲れですから。人形づくりの時は寝ても覚めても張りつめた神経に、いつも胃が痛かったのです」と申しますと、先生は、「人形より楽か」と安心してくださったようでした。

小皿で料理修業の始まり

しかし、なれない労働には毎日へとへとになりました。これまでは訪ねてくる人に食事をふるまうことが定めのような生活で、いつも居候《いそうろう》が二人くらいいて、食べる仕度ばかりしてきました。今、急にお金をいただいて、その上待たせることが辛く思われ、料理のできるまでの間、混んでいる時など、本当に申しわけない気持ちでした。その間をつなげようと思い、店の仕込みとは別に二百円くらい自分で買い物をしておかずをつくりました。伊万里の小皿に入れ、十和田の生ブドー酒を明治時代の小さいグラスに注ぎ、春慶塗りの小盆にのせてくばりました。

それが私の料理修業の始まりで、上手になるとか研究家になるなぞ夢々思ってもいませんでした。ただただお待たせすることのないよう、お金を払ってくださることへのお礼心だったのです。板前の仕事を横目で見ながら、そこから下がってくる魚のあらや野菜のしっぽなども、いい材料になりました。求めさえすれば、空き地の雑草も四季それぞれに私を呼びとめてくれ、行き帰りの道すじも修業の場でした。

そのうちに、客の方から「この小皿の肴でお酒を飲みたい」との声が出て、お酒を出しても良いことになりました。青森の酒をといわれても、東京には出ておらず、県の方へ問い合わせても一日一升も出ないであろうところへはと、いい返事がくるはずもありません。私が津軽出身なので、南部の酒を出したいと思い、八戸の桃川を訪ねていきました。

デパートで飲む昼酒は、ごく少数のもの好きが飲むだけのことで、わざわざ送っても商売にならないことがわかっているのに、快く引き受けてくださり、ホッといたしました。はじめは一日一升も出ませんでしたが、だんだん昼酒飲みが集まってくるようになりました。上野の朝湯会という集まりがありまして、その連中が風呂の中で宣伝してくれるらしく、はじめて来たのに、そんなそぶりも見せない客が多かったのです。芸人あり、詩人あり、商店の主人やら、時にはとんでもない偉い方がひょっこり現われて、デパート側が大あわてであいさつに来るなぞ、にぎわいました。

奥さんの買い物、または美容院ゆきに、「ごゆっくり行ってらっしゃい」といって、酒を飲みながら待ち合わせているだんな方も結構ありました。

開店は暮れもおしつまった十二月八日でした。そして、二十八日に小切手で売上げをはじめていただいた時は、うれしくて早速銀行へ行き、現金に替えるつもりでしたが、「これは横線《おうせん》小切手で年が明けないと現金にならない」とのこと。びっくりして、青森県事務所に相談にかけつけましたら、「本当に横線小切手を知らないのですか」とあきれられました。

なにせ、それで月給を払わねばならない切迫した日でした。県事務所ではボーナスの出た日とて、みんなニコニコ顔でしたのに急に深刻になって、「それではみんなで出しあいましょう」と助けてくれました。

ようやく本店を開いて

酒が出せるようになってから、忘年会、新年会と食堂を夜も使わせていただき、大忙しの毎日がつづきました。それにつけても、本店を早くといわれましたが、その余裕はなかなか生まれません。二年後に上野駅近くに店が見つかっても、思案投首《しあんなげくび》の状態でした。

荒れた店でしたし、改装と調度と全部準備のいることでしたが、もはや前のような不安もなく、ただ金策が必要でした。銀行では水商売は丙種の由で、認めてもらえず、また保証人になってもらうのはみな男性なので、その奥様の理解と協力がないと、ことが進まないのでした。女学校時代の友人数人に電話をかけて、十万円ずつ、まず借りて急場をしのぎ、これは金ができ次第せっせと返しました。後で聞いたのですが、その友人たちは、あまりあっさり借金の申し込みをされたので、うっかり貸してしまったということでした。

できることなら、親類知人に迷惑をかけたくありません。その時思い出したのは、松坂屋開店の折りにピアノを買ってくれた方が金貸しだったことで、その時「いつでもご用立てします」といってくれたことでした。勇気百倍の思いでお金を借りにまいりました。ところが、「うちの金は利が高くて商売用にはなりませんよ」とのこと。利が高くても是非にと借りてまいりました。そして、毎月きちんと利息を持ってうかがいますと、その利息分でいつもおいしいごちそうをしてくださり、ずいぶんねぎらっていただいたものでした。

新しい店では、良いテーブルは高くて手が出ません。古い出入りの大工さんにつくってもらい、その上にビニール板を切って張り付けるのには苦労しました。糊が乾かないと板が浮き上がるので、「奥さん、その上に座っていてくれ」なぞ大工にいわれ、つぎつぎ私が座ってくっつけていたのです。たまたまそこへ松坂屋の宣伝部の人がのぞきに来て、こんなことをしていたら開店がいつになるやらと応援してくれました。さすが大きな宣伝部ゆえ、後は全部助けていただき、やはりまた、十二月八日に開店の運びとなりました。

私にはありがたいことに、自分の分身のような助手がいてくれ、松坂屋の開店の時から青森よりはせ参じてくれた姪がおりましたので、デパートの方は任せて、次女と本店を始めました。その開店の知らせを受けた、故北畑八穂さんは不自由なお体なのに泊りがけでこられ、滞在中、新聞社、雑誌社、友人、その他知り合いに全部電話をかけて、呼んでふるまって宣伝してくれました。

淡谷のり子さんは、私の姉のクラスメートで、生家も近所だったので、何かとみちのく料理を注文しては、テレビ局で顔を合わせた人に私を持ちあげてくださいました。この本店開店の時に力になってくれた人は、今なお私を助けてくれています。次女にゆくゆくは店を任せて、私としては間もなく十年になる人形復帰の夢へ向けて、すべてが好転することを願いつつの年月でした。

テレビ、雑誌の仕事をしながら

上野という場所柄、美術関係のお客が多く、その頃の博物館の方たちは本当によくいらしていただきました。おかみという名称が板につかない私に、本気で忠告もしてくださいましたし、私もこれは仮の商売だなぞの不心得はできなくなっていました。料理一つにもこわい目があり、励みになりました。五十五歳の秋にＮＨＫに出演した頃は、雑誌、新聞の仕事も多くなっておりました。

ＮＨＫに出るきっかけは、奈良岡朋子さんに頼まれて料理をつくってあげたことがあり、その時の器を後で返しにいらしたＮＨＫの女親分的な渡辺典子氏との出会いからでした。

酒の肴よりつくったことのない私が、無我夢中でのビデオ撮りが終わると、渡辺さんはこの肴で一杯と一升びんを持ってきて、スタジオで酒盛りをして私をねぎらってくださいました。局としては苦々しい物語になっているかもしれませんが、今は亡き渡辺さんのおおらかさに、私は道を見つけさせていただいたのです。

その翌年、五十六歳になった春は、「北畔」の九年目、足かけ十年でございました。十年目をくぎりと思っていた私に、博物館の裏庭で美術を語る会という名目で、八戸かられんぶり舞いを招き、北畔の料理で園遊会をさせてくださいました。身の縮まるような、また、身にあまるような感激で、今思い出しても夢のようなできごとでございました。

その頃、次女に縁談があり、本人同士はお互いに理解を深めておりますようなのに、先方は高松の旧家の一人息子で、ご両親はあまり喜んでいないご様子。私に離婚歴があり、飲食店の娘だからではと、心のいたむことを、親しくさせていただいておりました日本経済新聞社社長夫人の萬《よろず》様にお話ししたことがございました。お帰りになってご主人にお話しなすったら、それでは僕達が仲人をしてあげようとおっしゃってくださったとか。お電話をいただき、びっくりするやら胸にこたえるご好意でした。それがきっかけで話がとんとん進み、高松まで何日もおいでいただき、すっかりお世話になりました。

人形に望みをつないで

おめでたいことですが、そこで私は跡継ぎを手放すことになり、すべてが宿命と思いつつも、だれにもいえない人形への望みが、また一つ困難なものになりました。自分の仕事なので多忙でもいたし方のないことですが、中途で方向を変えた私について来ている弟子たちが気の毒でございました。毎週短い時間に集まってはいましても、私自身も十年目がせまっております。あせりもあり、そんな私を見ていられなかったのでしょう、堀先生が週一回私と弟子と六人を、ご自宅でみてくださるとおっしゃっていただきました。

そのうれしい日は、道具をそろえ、弁当を持っていそいそ通う、それは楽しいものでした。何といっても十年の空白は大きく、日々の暮らしの中でも人形制作を打ち切ってはいませんでしたが、そこに十年のすき間が厳然としてありました。あの厳しいはずの先生が、何もおっしゃらないだけに、申しわけなくてうれしくも辛かったのです。

堀先生のところには延べ百人ぐらいの弟子が出たり入ったりいたしておりましたが、最後まで残っていたのは三人で、しかもその三人はくしくも第一回生でした。やっと私も帰ってきたと喜んで、四人だから紫竹会と名づけてくださり、昭和四十四年には日本橋高島屋で展覧会をさせていただきました。その展覧会も三度目にはとてもできないぐらい、私は料理に手をとられる状態で、せっかくの師や友の情にそむくことになってしまいました。

もはや制作の問題を超えて、毎週弟子とともに水曜日は、その雰囲気の中へ道具を持って通うことを、せめてもの望みと思いました。皆さんのじゃまになりながらも、その中での一日は生活のほこりを落とし、背骨を立てて帰れました。

三人の子らの歳月

私が第一回生として堀柳女塾へ入りました昭和十二年の秋に、長男の和唐が生まれまして、人形づくりの中で育ちました。中学生の頃から展覧会に出品して賞をもらい、堀先生の孫弟子として目をかけていただきました。私にはない素晴しいものを持つ息子に望みをかけ、何よりも人形と縁を切らずに暮らせることが、私にはありがたかったのです。

次女が嫁にまいりましてから、長女の絵里が私を手伝ってくれました。近くにビルを建てる方からお誘いを受けて、長女には道を一つへだてたところに、「ニュー北畔」を出店させました。親でも娘でも感覚や信条の違いを持つものは、それぞれ独立すべきだと思ったのです。一緒にといわれましたけれど、私は古い今の店の方が性に合い、長女の方はすべて一歩から始めました。さすが若さで、みんなをハラハラさせつつも、もう十余年も無事に乗りこえてまいりました。これも血というものなのかもしれません。この頃は料理にも精出し、四十八歳からの遅い出発だった私の年頃を、淡々と乗り切っております。

次女の茅野はいたってのんきもので、私はこの娘が父親ゆずりの絵描きになると思っておりました。中学の時、自由科目にソロバンがあり、どうするかと相談を受けた時、即座に「ソロバンなんか覚えなくてもいい、その暇があったらデッサンの一枚でも描け」という母親でした。それが高校へ入る頃から家の財政が左前になり、望み通りの勉強はおろか、食堂での手伝いまでさせていましたが、大変素直に受け入れてくれたのです。それがふびんで、いつまでも手もとにおき、人を使えるような器に育てたいと、母が嫁に出すために厳しく私を育てたようなしつけは、何一つしませんでした。それが、気候風土、習慣がまるで違う土地で、旧家を誇る家の一人息子の嫁になったのですから、性格がいいとか素直だとかは、何の取りえにもならなかったでしょう。十数年の歳月で土地にもなじみ、母上にも頼りになる嫁と、少しずつご理解いただけたようで、ホッといたしております。

それがまた不思議なことに、嫁いで数年目に、高松の駅前に「宗平」という昔大きな呉服屋だった時の屋号をそのまま、うどん、そば屋を出し、繁盛いたしております。

今の暮らし

大家族の中で生まれ育ち、旧家の嫁になり、いつも居候や使用人がいて家族だけで暮らすことなぞ、ついぞない生活を七十年もつづけてきました。その間の数々の変遷の中でも、私は人に恵まれて、ごみ箱を洗ったり洗濯機を回したり、後片づけといった、もっとも繁雑で大変なことは一切したことがなかったのです。

それが、二十数年いてくれたお手伝いのおばさんも年をとり、息子夫婦から帰ってくるよう、やいのやいのいわれながら、五年ほどのばしてもらっていました。ついに去る日、言葉にしては涙が出そうなので、なにもいえない別れでした。明日からの私の不自由を知っているだけに心を残して去る人を、たってと引き止められないのは、せっかく親と一緒に暮らしたいという一途な息子の気持ちがうれしく大切に思われたからです。そして、慣れて居心地よいとは申せ、他人の家で暮らさねばならなかったおばさんの哀れさを、ふっきってやるのは今よりないと思い、小さい数々の都合にもみな目をつぶったのです。

明治生まれで高等女学校も出られた家に生まれながら、今の境遇に甘んじてきた人だけに、苦労を素直に受けとめているせいか、うまが合うというのでしょうか。「あれ持って来て」、「ハイ」、「あれをあすこへしまってね」、「ハイ」と、いつも暗号みたいな会話でことすましているのを聞いて、息子たちはまるで落語だねと笑っていたものでした。

私がおいしいというものは、自分は食べずに私にだけ食べさせようとし、私の好きなものはどこまでも買いにいく、そんな忠実なお人好しでした。ただ、大変なしまつ屋で、一つの例ですが、毎日履き古す私の白足袋の底がいたむと、布を当て、糸で刺してくれるのです。草履を履くといたいし、座ると刺し糸が白く目立ちます。これはだめだと申しましたら、足袋だけは足に合わず自分で履けないのがもったいなくてと、それからは箱一杯洗ってつくろって持っていました。おばさんのぞうきんは使いづらいと、若いものにいわれながら刺したぞうきんは数年分も用意していきました。

私は、並の主婦から外で仕事を持つようになり、食事は二の次の生活で、こと足りるための外食も多く、忙しさにとりまぎれてきました。ふとこれではいけない、せめて朝食だけでも自分の食事であらねばと、前にも書きましたように、自然食の集まりに通いました。そこで食事への哲学を学ばしていただいたように思います。緑黄色野菜が血をつくるということが腑《ふ》に落ち、それ以来すり鉢から始まりジュースマシンを二台すりへらしています。

そのうちに自然食への声もかしましくなり、食料の情報がはんらんする中で、数々身につまされる勉強をさせてもらいながら、ゆれ動く食生活であありました。やはり人間が動物であるならば、青い生のものを少しでもとることが大切ではないかと思います。私を含めて、もはや自然の動物でなくなっているのかも、と思う日もあります。それでもせめて青汁だけはと、業《ごう》のごとくにつづけてきました。また、身近に病人のあるときは、行《ぎょう》のごとくに合掌の気持ちでつくっています。

青汁をつくりながら、人間の体の構造のすばらしさを思います。神は人間を、医者や薬に頼らなければ生きていけないようにつくられたとは思えません。それでも、胃のもたれた時には一服の薬ですーっとなる魔術を知ってから、科学なしでは生きられなくなってしまいました。かくまでみんなが研究しつくしても解決がだんだん遠くなるようなのは、やはり大きな自然の作用ゆえなのでしょうか。青汁をつくるのも自信があってのことではなく、暗中模索でした。それに加えておばさんがいなくなって、食事の仕度その他雑用の多い生活が始まり、手順がまずく、人を頼っていた自分の力不足に驚きました。

一人分の食事の分量の味気なさ、下手するといつも残りものに追い回されることになります。隣に住んでいる孫娘が通学前に青汁を飲みに立ち寄るので、味噌汁と一品ぐらいでも食べさせるのが習慣になりました。しつけとも違い、立ったまま味噌汁をかきこんで行かせる時もある、早朝のひとときでした。それを素直に喜んで食べていたことが、かすかではあっても孫娘の中に根づいてか、たまに私を招いてごちそうしてくれるようになりました。素朴な味の良さを身につけてくれたことがうれしく、また、おいしいとほめながらも、ちょいと足りないものを感じた時は、それを素直に質問するようになりました。

いつの間にかおばさんのいない空白を、孫との朝食の仕度が補ってくれ、私自身を鍛練する気にさせてくれました。若い子のためにチーズや牛乳を使ってみて喜ばせもしましたが、むしろ何気ない味を、「これはなあに」と興味をもったくらいでした。

孫娘が幼い頃、風呂吹き大根を食べさせた時のことです。「とても大根とは思えない」と、箸でくずしてゆっくり味わっている姿を見て、味覚は幼くしてその人間の中に生きているとつくづく思いました。日本のそんな食物と、縁なく終わる人も多いのではないでしょうか。

おそまきながら台所仕事の楽しさに気がつき、こんな楽しいことを人手に渡していたおろかさを思うほどになりました。朝、時間をかけて自分一人の食事をつくることが、私の過去と未来につらなる楽しいひとときになりました。

その後、娘たちも住居を遠くへ移すことになり、年をとっている私の一人住まいを案じ、一緒に住みたいといってくれます。私もこのへんでと心を動かされながらも、この自由を損じたくなく、一人居をつづけています。寂しいことも頼りないことも事実で、大勢で暮らした日がなつかしく、それが習いとなっていたなら、私は娘たちと当然のように暮らしたことでしょう。たまたま一人住まいをしてみて、いつも追いやっていたもう一人のわがまま者の私と、やっと一つになれた感じです。

人と人との繁雑な接触の中をくぐり抜けて、やっと手に入ったこの自由を、いつまでつづく約束のない日々ながら、大切な生きがいと思っています。

あとがき

忍ぶ喜びを真情としてきたはずの私が、なぜ自分のことを、このように好意的に書いているのでしょうか。自分一人の重みとして、この積み重ねに支えられ、生きていればいいものを……。勧められたからと他人のせいにして、うっかり書き始め、途中でなぜかむなしくなることもたびたびでございました。

私の成長過程には、自分を主役として表に出すという建前がなかったのです。主役でありながら、いつの間にか脇役の感覚で暮らしておりました。これが働きものといわれるゆえんなのでしょうか。

私の娘よりも若い編集の方が、遠い未知の世界をのぞくように、明治生まれの私という人間を一生懸命に探索なさろうとし、その熱心さに、つい軽い気持ちでのってしまったのです。

昭和二十七年頃、堀柳女先生が、『人形に心あり』という随筆集をお出しになりました。その時、婦人記者の方が口述筆記にみえていましたが、先生の口調や人柄にのみこめない部分がでてきまして、途中から私がかわって筆記させていただきました。

毎朝十時までに、鉛筆を数本けずって先生のお宅へ通った数か月間、主婦だった私は、鉛筆をけずる時間が間に合わず、そのままうかがうこともあったのです。先生が横になってしゃべりだす時に、もそもそと鉛筆をけずったりしますと、もっと私と一体になってくれと叱られたものでございました。先生が一服休みをなさる時は、おまえさんも一服休みにせよとおっしゃり、以来私もタバコを吸うようになりました。

そのようなことから、鉛筆をけずった経験はあるものの、もの書きではないので、思うように筆は進みません。平常の生活を乱さず、助手のいらない一人仕事なら、淡々と余暇に書けるつもりでしたのに、時間もままならず、早起きして原稿に向かいました。

やっと順調と思いきや、昨年暮れに堀先生が亡くなられたのです。これまでずっと、師に向かって生きてまいり、問いつ語りつのながい年月でしたので、一時はまったく筆が止まってしまいました。

堀先生はお相撲好きで、年に一、二度私もお供しており、去年の五月場所のお帰りに、私の店で食事をなさったことがございました。あまりめしあがらない先生が、おいしいおいしいと食べてくださるのに気をよくして、「やっと少し料理がわかってきたように思います」と申しあげたのです。

先生は、「良かったね、私は今迷いがでてなかなか前に進まないの」と、とても素直に、謙虚におっしゃられ、私は自分の自慢が恥ずかしく、ショックでした。

比較できないほど先の先を、大きく深く歩いておられる師の、あくことなき探求心と、悩みや迷いを素直に申される姿勢に、この師ありと心底思いました。また、一つの心境の変化から生まれる作品を、心待ちにしておりましたのに。

五十年に及ぶ先生とのおつきあいでしたが、女同士の愚痴など一度もこぼしあったことはなく、私の不遇時代もいたわるように無言でした。人間それぞれの背負うべき宿命に、ひるまず立ち向かえる精神を、人形づくりの中で学ばせていただきました。おかげで、料理の世界に入ってからは、恐れ気もなく遊び心を発揮できました。

本を書いていること、雑事に追われている生活のことなど、お話しするわけではなく、お会いする日はすがすがしくと心がけました。先生からお声がかかると、万障くりあわせて、はせ参じるのは私だけでなく、弟子一同の心情でした。無理をしてもつくしたい。その苦労を分かちあい、ながい間ゆるぎない友愛も、先生あってのものでした。

自然の恵みを見落とす時は、哀しい時が多いようで、見てはいても、受けとり方が自分本位になると申しましょうか。美しいものも哀しく見え、いつも変わらずめぐりくる自然さえうらめしくて、寒くながい冬でした。

哀しい時は風にまかせ、うれしい時は空を見てと思いつつ、花の咲く頃になり、この春は溝に散る花びらさえも心にしみました。

先年の春、目黒の先生のお宅から上野までの道すじで、花の咲いているところを車で回ってもらいました。千鳥が淵、靖国神社、九段とゆっくり花を眺め、変わりゆく風景を惜しまれる先生を、せめて毎年ご案内しようと思いましたのに、この数年はそれも果たせずにいた、うかつ者の目に、花吹雪が舞っております。

脈絡もなく書きつらねまして、どんな本になりますやら、皆目わかりません。まるで駄々っ子のおもりをするように最後までおつき合いくださり、読みづらい原稿もすらすら読めるようになりましたとおっしゃる、編集の赤星ひとみさんのご努力に、また私をとりあげてくださった塩川編集長に、厚くお礼申しあげます。ありがとうございました。

昭和六十年四月　　阿部なを

解　説

岸　朝子

『みそ汁に　はこべ浮かべて　こと足りぬ』。平成四年に主婦の友社から発行された阿部なをさんの本のタイトルは「こと足りぬ」が「……」となっているのですが、いかにも阿部なをさんらしい言葉で晩年のなをさんの姿と生きざまがうかがえます。このたび思いがけず中央公論新社から『おばあちゃんの台所修業』の解説を頼まれて本を読みなおしました。昭和六十年六月発行のこの本は増刷を重ね半年で五刷発行と知り、なをさんの人気を思い知りました。さらに読み返すとなをさんのお人柄や言葉の数々を思い出し涙が溢れました。阿部先生と書かなければならないと思いましたが、「なをさん」と口にするときに感じる暖かさが忘れられずそのままで表現します。

なをさんとの出会いは昭和四十年代で、NHKの『きょうの料理』の名プロデューサーであった女性のお通夜の席でした。なをさんのほかに料理研究家でいらした辰巳浜子さんの一人娘芳子さん、私の姉の尚道子と『きょうの料理』に出演していたお仲間がご一緒でした。それがご縁でなをさん、芳子さんと姉に、私も加わって長いお付き合いが始まりました。当時、女子栄養大学発刊の『栄養と料理』の編集長であった私は、なをさんに巻頭特集をお願いしたり上野駅前に開いた小料理屋の「北畔」にもよく通いました。姉や義兄、ときには芳子さんもご一緒しましたが、なんといっても心の奥深く残るのは四人組といってよいでしょうか、「名なしの権兵衛《ごんべえ》」という感じでなをさん、芳子さん、姉と私の四人で旅をしたことです。NHKの料理番組担当のかたや出版社関係の仲間と徳島の阿波踊りで瀬戸内寂聴さんの寂聴連に参加しました。衣装はもちろん、編笠、ぼっくりまで借りもので踊りましたが、最後になをさんの足袋跣足《たびはだし》になって踊られた姿と、私が案内した日本料理の名店「青柳」の料理を「おいしいけれどパワーがありすぎる」と評した言葉が記憶に残っております。確かに三代目を継いだばかりの小山裕久さんはまだ三十代で張りきっていたのでしょう。

寂聴さんとのご縁ができたのは、四人組で嵯峨野の寂庵にお伺いしたときからでした。また、岩手の天台寺を訪れて植樹をしたこともあります。帰途には弘前に回って弘前城趾の桜並木を眺めるつもりが桜は終わっており、青葉の美しさに、「今度は桜の時期にきたいですね」と話しあったのですが、結局なをさんとはご一緒できず残念でした。一昨年の五月五日、天台寺で開かれる寂聴さんの講話を聞いて弘前で桜見物をしたくて弘前を訪れたのですが、温暖化の影響か桜は八重桜になっていて口惜しい思いをしました。

思い出せば弘前城趾にいったのは、なをさんのひとり息子である和唐さんの展覧会を見るのが目的でもありました。なをさんには和唐さんのほか長女の絵里さんと次女の茅《ち》野《ぬ》さん、おじょうさんが二人いらっしゃいます。

絵里さんはどちらかというと自由闊達な人柄で、ご主人を亡くされたあとはアメリカに渡りニューヨーク住いで、なをさんに学んだぬか漬けをアメリカはもちろん、ドイツなどヨーロッパにまで広めています。なをさんが生前、「絵里は岸さんみたいになりたいといっているわよ」といわれたときは「とんでもない」と驚きましたが、猪生まれの私はおっちょこちょいで何事もよく考えず走り出してしまう性格だからでしょう。おまけに走り出したら一直線という点かなと首をひねっていますが、なをさんも私より一回り上の猪でご健在だったら昨年が数えで九十九歳、白寿のお祝いができなかったのは残念です。

茅野さんは末っ子のせいか、優しい人柄で、なをさんは北畔を茅野さんに継せるおつもりだったようでしたが、香川県高松の旧家のひとり息子に嫁がれました。その後、高松にそばの店を開かれ、茅野さんが朝早くから「そばを打っている」と聞き、例の四人組で高松まで出かけ、金毘羅さんにお詣りしたあと茅野さんのおそばを食べました。仕事でたびたび訪れた高松では、茅野さんの店によるのが楽しみでした。

湯元の温泉の帰りに、伊豆で陶器を焼いていらした和唐さんの窯を訪れたこともありますが、画家でいらした父上と人形作家を志していらしたなをさんの影響と血筋でしょうか、心暖まる作品で、個展もよく開かれています。「子どもは子どもの好きなように」とおっしゃっていられたなをさんですが、ひとり息子とあってか、ご自分の生涯に思いを重ねてか、和唐さんがお気に入りというより、気にかけていらしたようです。現在、上野の北畔も和唐さんの奥さんが経営されています。

また、絵里さんの一人娘、河合真理さんをたいへん可愛がっていらっしゃいました。『阿部なを・河合真理の健康おかず』というタイトルの共著（中央公論社）も出されています。真理さんも猪年生まれで「亥々女《いいおんな》の会」のお仲間。これは二十年ほど前になをさんの発案で生まれた「亥年生まれの女性の会」で、毎年旅をしてなをさんの思い出を語りあっています。

なをさんと中国の上海から蘇州と旅をしたとき、買い物好きの姉とくらべてあまり買い物をなさらないので、「荷物は私が持ちますから」といったら「七十歳になったら整理の年代、品物は増やしたくないから」と答えられました。私は整理を生理と聞き間違えて「あら、また始まるんですか」といったら笑い出し、しゃがみ込んで笑っておられました。

二十数年いたお手伝いのおばさんが辞めて一人暮らしになられたとき、心配する私に向って「死ぬときは一人がいい。お世話になりましたとかありがとうございましたとか、いったりいわれたりするのはいやだから」との答え。「倒れて四日」と生前に口にしていた私の姉とは違っています。姉はやはりお別れの挨拶をしたいからといっていましたが、なをさんは真理さんの婚礼のための小物を買いに銀座に出かけられ、帰宅後に気分が悪くなり店に電話をかけたと聞きます。北畔で店をまかされていた姪御さんがかけつけて東大病院に運ばれ、亡くなられました。なをさんらしい最期です。

三人のお子さんの父親である合成さんのことは一生なをさんが忘れられない男性だったと聞きますが、四人組の旅行で石川県金沢市の美術館にいったとき、偶然にも二科展で賞賛をうけたという「見送る人々」の絵に出会いました。人生とは不思議なもの、なをさんもじっと見つめていて、「あの抱かれている子どもは和唐よ」との言葉に、ご主人への思いが溢れていました。明治生まれの凜とした姿で一生をつないでこられたなをさんの思いが、現在の日本の若い人たちに伝わることを願っておられるこの本の一読をぜひおすすめします。

（食生活ジャーナリスト）

『おばあちゃんの台所修業』　一九八五年六月　鎌倉書房刊

中公文庫

おばあちゃんの台所修業《だいどころしゅぎょう》

2010年５月25日　初版発行

著　者　阿《あ》部《べ》なを

発行者　浅海　保

発行所　中央公論新社

〒104-8320　東京都中央区京橋2-8-7
電話　販売 03-3563-1431　編集 03-3563-3692
URL http://www.chuko.co.jp/

印　刷　三晃印刷

製　本　小泉製本

Published by CHUOKORON-SHINSHA, INC.
Printed in Japan　ISBN978-4-12-205321-2 C1195

各書目の下段の数字はISBNコードです。978－4－12が省略してあります。

中公文庫既刊より

う-9-4　御馳走帖　内田百閒

朝はミルク、昼はもり蕎麦、夜は山海の珍味に舌鼓をうつ百閒先生の、窮乏時代から知友との会食まで食味の楽しみを綴った名随筆。〈解説〉平山三郎

202693-3

き-7-5　春夏秋冬　料理王国　北大路魯山人

美味道楽七十年の体験から料理する心、味覚論語、食通閑談、世界食べ歩きなど魯山人が自ら料理哲学を語り、手掛けた唯一の作品。〈解説〉黒岩比佐子

205270-3

た-22-2　料理歳時記　辰巳浜子

いまや、まったく忘れられようとしている昔ながらの食べ物の知恵、お総菜のコツを四季折々約四百種の材料をあげながら述べた「おふくろの味」大全。

204093-9

た-34-5　檀流クッキング　檀一雄

この地上で、私は買い出しほど好きな仕事はない——という著者は、人も知る文壇随一の名コック。世界中の材料を豪快に生かした傑作92種を紹介する。

204094-6

つ-2-11　辻留・料理のコツ　辻嘉一

材料の選び方、火加減、手加減、味加減——「辻留」の二代目主人が、料理のコツをやさしく手ほどきする。家庭における日本料理の手引案内書。

205222-2

は-58-1　暮しの眼鏡　花森安治

ミイハアを笑うものは、ミイハアに泣かされる。衣食住、風俗など、身近なできごとからユーモアとエスプリたっぷりに「世の中にもの申す」。〈解説〉松浦弥太郎

204977-2

も-29-1　もめん随筆　森田たま

男と女のこと、大好きな着物のこと、そして内田百閒ら交流のあった文士のこと——女性エッセイストのさきがけともいうべき森田たまの第一エッセイ集。〈解説〉市川慎子

204978-9